국제PEN한국본부
창립70주년기념 시인선
18

영원한 여기에

맹숙영 시집

International PEN-Korea Center

국제 PEN 헌장

국제PEN은 국제PEN대회 결의에 따라
다음과 같이 헌장을 선포한다.

1. 문학은 각 민족과 국가 단위로 이루어지나, 그 자체는 국경을 초월하여 그 어떤 상황 변화 속에서도 국가 간의 상호 교류를 유지해야 한다.

2. 예술 작품은 인간의 보편성에 바탕을 두고 길이 전승되는 재산이므로 국가적 또는 정치적 권력으로부터 간섭을 받아서는 안 된다.

3. 국제PEN은 인류 공영을 위해 최대한의 영향력을 발휘해야 하며 종족, 계급 그리고 민족 간의 갈등을 타파하는 동시에 전 세계 인류가 평화롭게 살아갈 수 있다는 이상을 실현하기 위하여 최선을 다해야 한다.

4. 국제PEN은 한 국가 안에서나 또는 세계 여러 나라에서 사상의 교류가 상호 방해 받지 않는다는 원칙을 준수하며, PEN 회원들은 각자 국가나 지역사회에서 어떤 형태로든 표현의 자유를 억압하는 데 반대할 것을 선언한다. 또한, PEN은 출판 및 언론의 자유를 주창하며 평화시의 부당한 검열을 거부한다. 아울러 PEN은 정치와 경제의 올바른 질서를 지향하기 위해 정부, 행정기관, 제도권에 대한 자유로운 비판이 필수적이고 긴요하다는 사실을 확신한다. 이와 함께 PEN 회원들은 출판 및 언론 자유의 오용을 배격하며, 특정 정치 세력이나 개인의 부당한 목적을 위해 사실을 왜곡하는 언론 자유의 해악을 경계한다.

　이러한 목적에 동의하는 모든 자격 있는 작가들, 편집자들, 번역가들은 그들의 국적, 언어, 종족, 피부 색깔 또는 종교에 관계없이 어느 누구라도 PEN 회원이 될 수 있다.

(사) 국제 PEN 한국본부 연혁

국제PEN본부는 1921년에 창립되어 2023년 3월까지 145개국 154개 센터가 회원으로 가입돼 있는 세계적인 문학단체이다. 국제PEN본부는 영국 런던에 본부를 두고 있으며 특히 UN 인권위원회와 유네스코 자문기구로 현재 전 세계 문인, 번역가, 편집인, 언론인들의 표현의 자유를 옹호하고 인권 문제를 다루고 있는 단체이다.

한국PEN은 1954년 9월 15일 변영로·주요섭·모윤숙·이헌구·김광섭·이무영·백철 선생 등이 발기하여 같은 해 10월 23일 당시 서울 소공동 소재 서울대학교 치과대학 강당에서 창립총회를 열고 국제펜클럽한국본부로 공식 출범하였다. 국제펜클럽한국본부는 그 이듬해인 1955년 6월 비엔나에서 열린 제27차 세계대회에서 정식회원국으로 가입하고 그해 7월에 인준을 받아 오늘에 이르렀으며 2024년 2월 현재 회원 수는 4,000여 명이다.

(사)국제PEN한국본부(International PEN Korea Center)는 역사와 권위를 자랑하는 국제적 문학단체로서 회원들의 양심과 소신에 따른 저항권과 표현의 자유를 옹호하고 구속 작가들의 인권문제를 다루며 한국의 우수 문학작품을 번역,

세계 각국에 널리 알리고 우리 민족의 고유문화와 전통문화 등을 해외에 소개하는 한편 세계 각국과 문화 교류 및 친선을 도모하는 데 주도적 역할을 담당하고 있다.

1954. 10. 23.	국제펜클럽한국본부 창립
1955.	제27차 국제PEN비엔나대회에서 회원국 가입
	『The Korean PEN』영문판 및 불어판 창간
1958.	국내 최초 번역문학상 제정
1964.	PEN 아시아 작가기금 지급(1970년 제6차까지)
1970.	제37차 국제PEN서울대회 개최(60개국 참가)
1975.	『PEN뉴스』창간. 이후『PEN문학』으로 제호 변경
1978.	한국PEN문학상 제정
1988.	제52차 국제PEN서울대회 개최
1994.	제1회 국제문학심포지엄 개최
1996.	영문계간지『KOREAN LITERATURE TODAY』창간
2001.	전국 각 시도 및 미주 등에 지역위원회 설치
2012. 9.	제78차 국제PEN경주대회 개최
2015. 9.	제1회 세계한글작가대회 개최
2016. 9.	제2회 세계한글작가대회 개최
2017. 9.	제3회 세계한글작가대회 개최
2018. 11. 6~9.	제4회 세계한글작가대회 개최
2018. 8. 22.	정관개정에 의해 국제PEN한국본부로 개명
2019. 2.	PEN번역원 창립
2019. 11. 12~15.	제5회 세계한글작가대회 개최
2020. 10. 20~22.	제6회 세계한글작가대회 개최
2021. 11. 2.~4.	제7회 세계한글작가대회 개최
2022. 11. 1.~4.	제8회 세계한글작가대회 개최
2023. 11. 14.~17.	제9회 세계한글작가대회 개최

국제 PEN 한국본부 창립 70주년
기념 선집을 발간하며

 국제PEN한국본부는 1954년에 창립되고 이듬해인 1955년 6월 오스트리아의 빈에서 열린 제27차 국제PEN세계대회에서 회원국으로 가입되었다. 초대 이사장은 변영로 선생이 맡고 창립을 주선했던 모윤숙 시인이 부이사장을 맡았다. 이하윤, 김광섭, 피천득, 이헌구 등과 함께 창립의 중심 역할을 했던 주요섭이 사무국장을 맡았다.

 6·25한국전쟁이 휴전된 지 겨우 1년이 되는 시점에 이루어 낸 국제PEN한국본부의 창립은 매우 깊은 의미를 담는 거사였다. 그동안 국제PEN한국본부는 세 차례의 국제PEN대회와 9회의 세계한글작가대회를 개최하며 수많은 국내외 행사를 주최해 왔다. 이에 올해 2024년에는 창립 70주년을 맞이하게 되어 그 기념사업의 일환으로 PEN 회원들의 작품 선집을 발간하기로 하였다.

 여러 가지 기념사업을 진행하지만 회원들의 주옥같은 작품집을 선집으로 집대성하여 남기는 일은 가장 중요하고 의미 있는 일이라 생각한다.

    시와 산문으로 구성되는 선집은 우리 한국문학사의 중요한 족적을 남기는 귀중한 역사 자료로서의 가치를 갖게 되리라고 믿으며 겸허한 마음으로 70주년을 자축하는 주요 사업으로 진행하게 된다.

    참여해 주신 회원들께 감사하며 어려운 여건 속에서도 기꺼이 출판을 맡아 준 기획출판 오름의 김태웅 대표와 도서출판 교음사의 강병우 대표에게 심심한 감사를 드린다.

2024년 4월

국제PEN한국본부 이사장 김용재

시인의 말

내 생애 늦은 연치 칠십에 등단하게 된 것은 은혜였다.

그 사이 천여 편의 시를 창작하여 바야흐로 오늘
제12집을 상재上梓하게 되어 스스로 감격스럽다

그중에
제3권 - 『바람 속의 하얀 그리움』 - 韓英 대역
제8권 - 『백년의 바람』 - 한국대표서정시 100인선
제9권 - 『여로旅路, 황금빛에 감기다』 - 포토시집
제12권 - 『영원한 여기에』 - 신앙시집
으로 출간.

나의 오랜 바람대로 신작과 기 발표 중에서
신앙시로 분류할 수 있는 작품을 발췌하여
한 권의 신앙시집으로 출간하게 되었다.
이 책이 하나님께 영광 돌리게 되기를
감히 바라고 원하는 마음이다.

감사한 마음과 더불어
더욱 경건 엄숙한 마음에 휩싸인다

2024년 부활절 즈음에
맹숙영

서시

아직 축제 중입니다

은혜였소
축복이었소

한 세기를 걸어가는 디딤돌 위에 서서
가던 길 멈추고 잠시 뒤돌아보며 숨을 고른다
그사이 반백 년 훌쩍 넘은 희미해진 나이테
백 년의 고독한 사랑의 화석으로 허옇게 퇴색되었다
불혹을 지나 지천명이 언제였나 산수의 잔치도 끝났다
아리스토텔레스도 수많은 철학자들도 풀지 못했던
나는 누구인가
정체성을 찾아 미로 같은 내일의 길을 걸어간다
한쪽에선 남편의 손끝에서 결 곱게 내린 붓 끝이
묵향 짙은 먹물에 고루 묻혀 예서의 꽃을 피우고 있다
나는 밤에 핀 꽃잎에서 이슬 한 방울 따와
자음 모음 모아 시꽃 피우는
까만 밤 하얗게 새우는 날이다
시를 위한 주문呪文의 밤 가고 미명이 트면

아침햇살 받은 잔잔한 강물은 보상인 듯
윤슬로 보석밭 깔아준다
아주 작은 것에 감동하고 감격하였던 날들
때때로 나는 천국을 걸었지

그 빛 안에 그 사랑 안에서
감사로 시작하는 새벽 내일을 꿈꾸는 밤
나는 아직 축제 중이다

차례

국제PEN헌장 / (사)국제PEN한국본부 연혁
국제PEN한국본부 창립 70주년 기념 선집 발간사

....

008 _ 시인의 말
010 _ 서시 / 아직 축제 중입니다

1부 _ 영혼의 눈 맑은 강

019 _ 달리다굼 일어나라
020 _ 나의 하나님
022 _ 울게 하소서
024 _ 달리다굼 Talitha Gum
025 _ 마라나타 Maranatha
026 _ 마른 땅의 축복
027 _ 베로니카의 눈물
028 _ 태양아 머무르라
030 _ 비아 돌로로사 Via Dolorosa
032 _ 히브리인 포로 망향가
034 _ 까보다로까 Cabo Da Roca
036 _ 맨살의 길 위에 서서
038 _ 로뎀나무 아래 엘리야
040 _ 이새의 줄기에서 한 싹이 나다

2부 _ 영혼의 메시지

043 _ 다카우 Dachau 1
044 _ 다카우 Dachau 2
046 _ 홀로코스트 Holocaust
048 _ 당신의 기적
050 _ 아무도 모르네
052 _ 엘리 엘리 라마 사박다니
053 _ 성모 발현지 1
054 _ 코바 다 아리아 Cova Da Aria
055 _ 카타콤 Catacomb 1
056 _ 카타콤 Catacomb 2
057 _ 생명의 언약
058 _ 믿음으로 오는 행함
060 _ 불뱀과 놋뱀
062 _ 호렙산 떨기나무
063 _ 아켈다마 Akeldama
064 _ 가벼운 영혼으로 날고 싶다

3부 _ 빛의 일기

067 _ 제9시
068 _ 주일 예배
070 _ 스타브 Stav 교회
072 _ 쓴물과 단물
074 _ 헤세드 Chesed
075 _ 수로보니게 여인
076 _ 변화산상에서 일어난 일
078 _ 카인의 나라
079 _ 생명의 소리
080 _ 어떤 불청객
081 _ 여호와 이레
082 _ 어느 수인囚人의 꿈 노래
084 _ 그랜드 캐년 Grand Canyon
086 _ 불순종의 끝

4부 _ 영원한 여기에

089 _ 피에타 Pieta
090 _ 베드로 성당
092 _ 바티칸 시국
093 _ 천국 열쇠
094 _ 부활의 빛
095 _ 누군가 널 위하여
096 _ 흙의 부활
098 _ 한 해의 선물
099 _ 백 년, 그 존재와 소멸의 고독
100 _ 사랑아 나는 통곡한다
102 _ 신들은 어디로
104 _ 아즈위 Azwi
106 _ 울지마라 톤즈
108 _ 멈추어선 시간 위로

5부 _ 은혜 안에

111 _ 기도
112 _ 침묵 응답
113 _ 한 생애
114 _ 성찬聖餐
115 _ 성찬聖餐의 은혜
116 _ 존재의 인식
117 _ 사피엔스
118 _ 페르소나
120 _ 고도를 기다리며
122 _ 부탁의 말씀
123 _ 감사하는 순종의 삶
124 _ 카르페디엠, 메멘토모리
126 _ 우리가 사랑할 수 있는 시간
128 _ 마스크여 백합꽃으로 피어라

129 _ 평설 | 이영지
/ 새벽이슬시학 /

145 _ 평설 | 양왕용
/ 서사敍事를 넘어 고백告白에 이르는 길 /

1부
영혼의 눈 맑은 강

어디서 꽃잎이 실어온 기도 소리
비아 돌로로사 Via dolorosa
가시밭길 그 끝에
당신이 기다리고 서 계시네

달리다굼 일어나라

꽃이 지는 밤이라도
바람은 꽃향기 실어 오네
에오스*의 슬퍼하며 흘린 눈물이
새벽 이슬로 젖네
어여쁜 여인이여
고통은 털어내고 눈물은 닦아요
귀를 열어 권능의 음성을 들어요
달리다굼* 일어나라

* 에오스 : 새벽의 여신
* 달리다굼 : '소녀여 일어나라'는 뜻. 죽은 소녀가 다시 살아났다는 이야기

나의 하나님

나의 하나님
내 안의 당신은
뜨거운 눈물입니다
내 심장 가장 깊은 곳
베데스타 연못 끓어오를 때
뜨거운 눈물 솟아올라
내 영혼의 강으로 흐릅니다

나의 하나님
내 안의 당신은
새벽이슬에 덮여있는
뿌연 안개밭입니다
당신을 찾아
밤새도록 헤맬 때
축축이 젖은 발은
내 안식의 강가에 앉아
쉼을 얻습니다

나의 하나님
내 안의 당신은
속에서 피어나는

한 송이 꽃입니다
따뜻한 바람 사이로
향기를 앞세우고
다가오시는 님
꽃보다 더 환희로운 모습에
내 눈물은 달달합니다

나의 하나님
내 안의 당신은
가지 많은 포도나무
솟아오르는 붉은 빛의
햇빛살 사이로
걸어오는 금빛 종소리
수많은 가지 중에
내 가지를 찾아 흔들어
종소리 붙여줍니다

울게 하소서

기도원 여름 성회
동산엔 햇빛 하얗게 불 내리고
성전 안엔 눈물비 뜨겁게 내립니다
헐몬산 이슬이 시온에 내림같이
안개비 물속같이 차오르니
승리의 십자가 바라보며
보혈의 강을 건넙니다

하늘 향해 흔드는 손길
색색의 꽃잎으로 흩날리고
보좌로 가는 길 찾아 헤맵니다
엘리야의 기도에 응답하신 갈멜 산상이 여기
눈물이 강줄기 되어 흘러내립니다
주여! 울게 하소서

'다윗의 고백' 나의 고백 되어
모태로부터의 죄 원천의 죄를
허물과 연약함까지도
주의 사랑과 자비로
온몸 뜨겁게 태우소서
주여! 그 사랑 위해 울게 하소서

이천 년이 지난 지금도
가시관에서 흐르는 피
그 보혈 한 방울
내 심장에 떨어질 때
주를 위해 울게 하소서
나를 위해 울게 하소서
모두를 위해 울게 하소서

달리다굼 Talitha Gum*

죽은 자식을 애통해하는 아비에게 말하셨네
'두려워 말고 믿기만 하라'고
회당장 야이로의 열두 살 된 딸에게 달리다굼
권능의 말씀으로 살리셨네

달리다굼 기적이 일어났네
나인성 과부의 아들에게
마리아와 마르다의 오라비를 향하여 달리다굼
죽은 자를 살려내셨네 베다니에서

이천 년 전 달리다굼*의 기적이
오늘날에도 기적과 이사를 일으키네
우리의 삶 가운데
죽은 자를 살리시고 병에서 일어나 걷게 하시네

* 달리다굼(Talitha Cum) : 예수님 당시 유대인이 사용하던 아람어 '소녀여 일어나라'라는 뜻으로 병자를 향하여 들려주시는 권능의 음성

마라나타 Maranatha

언제일까 그날이
이때가 아니니이까
검은 두 손으로
빛나는 태양을 가리고
뒤돌아서 등뼈를 구부리고
아무 데나 침을 뱉는 사람들

입술로부터 튀어나와
난무(亂舞)하는 거짓의 증언들
날개 달고 흩어져 날아간다
오염으로 가득 찬 세상

오소서 어서 오시옵소서
마라나타 마라나타
다시 오신다는 약속처럼
구름처럼 떠
영광의 빛에 싸여
눈부시게 내려오소서
오 마라나타여

마른 땅의 축복

메마른 땅에 생수 흐르고
푸른 풀이 일어서네
꽃이 피고 향기 발하며
열매 맺으니
사막이 즐거워 노래하네

약한 손 강하게 하시고
떨리는 무릎 굳건히 해주시며
겁내지 말고
두려워 말라 하시네

우리에게 힘 주시고
용기를 주시는 이 누구신가
우리의 영혼을 지금부터
영원까지 지켜주시겠다
약속하신 이 야훼시네

베로니카의 눈물

갈보리 올라가는 언덕길
이 길은 고통의 길
세상 죄를 다 지고 가시는 이여

피맺힌 땀방울 무겁게 떨어지네
무지한 사람들 저주와 함성
죽음을 재촉하네

지극한 사랑과 희생으로
대신 지신 십자가
오늘도 내 대신 십자가 지시네

마리아 한숨소리에 나뭇잎도 떨어지네
한 여인의 눈물 속의 흐느낌
오 베로니카 베로니카여

태양아 머무르라

기적의 날이었다

벧호론의 비탈에서 아세가에까지
하늘에서 내리는 우박덩이는
칼보다 강하였네
그날 밤이 새기 전 더 많았네
칼에 죽은 자보다 우박에 죽은 자가

놀라운 능력의 도움이었네
'태양아 머무르라 기브온 위에'
'달아 머무르라 아일론 골짜기에'
여호수아의 절박한 믿음의 외침을
야훼께서 들어주셨네

태양은 지지 않고
계속 하늘 한가운데서 빛나고 있었네
달도 지지 않고
아일론 골짜기를 환하게 비추고 있었네

전능자의 능력의 도우심으로
여호수아는 물리쳤네 기브온 족속을

깃발 들고 돌아갔네 길갈로
이스라엘을 위하여
아모리 사람을 대적한
야훼의 싸우심이었네

승리의 날이었다

비아 돌로로사 Via Dolorosa

빌라도의 뜰에 당신이 서 계시네
병정들은 손에 채찍을 들고
사람들은 손가락질로 조롱하며 침을 뱉네

가시면류관 십자가의 길 멀기만 한데
길바닥엔 온통 상처 난 돌멩이뿐
갈증은 살갗을 터지게 하고
사랑하는 제자들 뿔뿔이 다 떠나버린 공허한 길
외로움은 고독한 그림자로 따라가네

채찍에 맞아 넘어질 때마다
자색 옷은 더욱 붉게 얼룩지고
흘러내리는 핏방울은
베로니카의 하얀 손수건에
붉은 꽃무늬로 수놓으며 적셔지네
하늘과 땅도 눈물에 젖는 날이네

마지막 한 방울 핏물마저
눈물과 땀과 범벅이 되어
한 줄기 햇살 아래 부서지며
바람으로 날아가네

어디서 꽃잎이 실어온 기도 소리
비아 돌로로사 Via dolorosa*
가시밭길 그 끝에
당신이 기다리고 서 계시네

* 비아 돌로로사(Via dolorosa) : 고통의 길, 십자가의 길

히브리인 포로 망향가

나는 가고 싶네 내 고향
지금은 갈 수 없지만
꽃향기 꽃바람 날리는
정겨운 그곳
다만 그 옛날의
예루살렘만 꿈꾸네

내 슬픈 마음
시온성 향해
지난날의 그리움 담아
내 노래에
실어 보내노니

산들바람
고운 바람이여
금빛 날개 타고
날아가라 저 비탄의
언덕길 넘어

유프라테스 여기
강가에 앉아

요단강 바라보네
히브리인들
절망하지 않고
소망을 노래하네

오 느브갓네살 왕이여
바빌로니아 왕인가
이제 우리의 신에게
무릎 꿇고
용서를 빌라

까보다로까 Cabo Da Roca

나는 이곳에 서 있습니다

지구의 시간을 밟고 무한 공간 속에
내 존재를 확인합니다
지구상에서 땅이 끝나고
대서양 바다가 가장 먼저 시작되는 곳
유럽의 최서단 땅끝마을 까보다로까
시작과 끝이 존재하는 곳입니다

하늘과 바다가 하나입니다
하늘이 바다를 물들였는지
바다가 하늘을 물들여 놓았는지
어느 쪽이 위이고 어느 쪽이 아래인지
나는 에메랄드 푸른 빛에 생각도 몸도
물들어 있습니다

십자가 주변 키 작은
선인장이 피워낸 풀밭
노란 꽃은 한없이 넓고 큰
바다의 꽃술인가 봅니다
그 꽃술 안에 나도 들어있습니다

포르투갈 서사시인 까몽이스의 시에서
"땅은 이곳에서 끝나고
바다가 시작된다"라고 말한 글이
십자가 돌탑 뒤에 새겨져 있습니다

끝나고 시작되는 엄숙한 곳입니다

맨살의 길 위에 서서

빈 차에 구름만 싣고
휑하니 먼저 떠나버린 차
눈길로 따라간다
길은 앞뒤 옆으로
물꼬를 트고 오거리에서
허수아비처럼
두 팔 벌리고 손짓한다

어디선가 상긋한 내음
머리 위에서 내려온다
키 큰 애기 사과 나무꽃
목화송이 같은 순정으로
환하게 웃음 머금고 있다
그 사이로 어머니의
하얀 아름다운 가르맛길
가고 싶은 길이다

사방으로 열려진
다정한 이정표 눈짓하는
수많은 길 있지만 나는
지켜야 할 약속의 길이 앞선다

말씀 따라갈 길과
진리 생명 되시는 그 길 찾아
마음의 눈길 열어 본다

로뎀나무 아래 엘리야

북왕국 이스라엘에
어찌 이런 재앙이
아름다운 이세벨이여 시돈의 딸이여
아합왕과 혼인할 때 왜
바알신과 아세라 이방신을 데려왔는가

이방 신을 섬긴 댓가는
얼마나 혹독한 재앙이었던가
이스라엘 땅에 3년 6개월 동안
비는커녕 이슬 한 방울도 내리지 않은
엘리야의 경고를 기억조차 못 하는가

갈멜산에서 내기에 승리한 엘리야
바알 선지자들을
기손 시냇가에서 다 죽였죠

성난 이세벨을 피하라
도망한 곳은 로뎀나무 밑이었죠
천사가 잠든 엘리야를 깨우네요
음식과 물을 먹여 힘을 얻었죠

광야 동굴까지 밤낮 40일을 걸었죠
천사의 도움으로 멀리 안전하게
피할 수 있었던 곳 그곳은
시내 산 호렙산 중턱 로뎀나무 아래였죠

이새의 줄기에서 한 싹이 나다

저 들 밖 산 밑
물소리 낮아지고
양떼들도 깊이 잠든 때
빛난 별 하나
목자를 깨운다

이새의 줄기에서 한 싹이 나
이사야의 예언이
이루어지는 밤
천사가 가지고 온
기쁜 메시지 하나

'지극히 높은 곳에서는
하나님께 영광
땅에서는 기뻐하시는 평화'

구유에 뉘어있는 아기
경배하러 가는 박사들
메시아의 표적을 본다
세상을 사랑하시는
하나님의 선물
독생자이신 그 어린 양

2부
영혼의 메시지

땀방울을 핏방울처럼 쏟으시며
외롭고 처절하게 기도하실 때
주님도 땅바닥에 얼굴을 묻고
슬퍼하며 우셨네

다카우 Dachau 1
 – 독일 뮌헨의 강제 수용소

독일 남부 뮌헨 근교
제2차 세계대전 당시
아돌프 히틀러 총리 취임 후
최초이며 최대 규모로 만든
정치범 강제 수용소

폴란드의 아우슈비츠와 함께
가스실 생체실험실까지 설치한
유대인 포로 등 20만 명 이상
강제 수용한 악명 높은 곳

잔인했던 그 시절 막사였던 곳
오늘날엔 흔적의 표시만 남아
한여름 뜨거운 태양 빛이
하얗게 그물막을 형성하고
신은 등지고 저질렀던
지난날의 오욕을 덮고 있다

다카우 Dachau 2
– 대학살 그 이후

당시 전 세계인의 치를 떨게 했던
잔학무도한 지상의 지옥수용소엔
어느 누구의 신神도 없었다
반인륜적 범죄행위를 저질렀던
악랄했던 히틀러 나치 행적은
2차대전 일어나기 수년 전부터
독일 뮌헨의 다카우에서 일어났다

그러나 오늘날엔 기록과 사진으로
자국민은 물론 지구촌 각국의
모든 사람들에게 숨김없이
실상을 보여주고 있는 용기 있는 나라
기회 있을 때마다 나치의 만행을
진심으로 사과하여 온 나라다
자국의 학생들도 인솔 교사 따라 방문
바른 역사의식을 배우는 모습
새 세대들에게 과거의 잘못을 판단하고
나아갈 길 깨닫게 하는 나라다

남편과 함께 메르켈 총리가 헌화한
벽 앞에서 묵념하고 돌아오면서

위대한 나라는 그냥 이루어지는 것이
아니다라는 서로의 생각에 공감하면서
아들의 엑셀레이터 소리에 지금은 평화로운
뮌헨의 도시로 시선을 옮긴다

홀로코스트 Holocaust
– Holocaust Memorial Park, Berlin

나치의 깃발 아래 짓밟힌 수많은 목숨들
죄 없이 도망치다 발걸음에 힘을 잃고
낡아 채인 육신과 영혼까지도
죄목도 없이 붙잡혀 피눈물의 빵을 먹으며
스스로 탄식하며 운명을 저주할 때
인간의 존엄은 무너지고
지상엔 악명의 바람이 나부꼈으리

검은 그림자 뒤덮인 죽음의 수용소
가스실에서 고문실에서 몸부림칠 때
살덩이는 부서져 땅바닥에 뒹굴고
어머니 그 이름 목 놓아 부르며
조국의 이름을 외칠 때
해와 달도 빛을 잃고 슬퍼하였으리

불러도 메아리도 오지 않는 잔인한 땅
떠밀려 생체실험실에서 몸을 통째로 내어주며
그렇게 죽음과 마주칠 때 흐르는 눈물
죄 없이 가시관 쓰시고 십자가 지신
그분의 눈물도 함께 흘렀으리

궁휼의 구원자를 부르짖고 또 부르짖으며
부활 생명을 꿈꾸었으리

* 홀로코스트(holocaust) : 유대인 대학살

당신의 기적

멀리 뒤로 두고 온
디베랴의 갈릴리 바다는
고요하고 평화롭다
예수님을 따라온 무리들
시장기의 연주소리가
뱃속에서 꿈틀거린다
가나의 혼인집 항아리
물이 포도주로 변하게 된
기적의 표적에 아직도
놀란 감동 물보라 친다

보리떡 다섯 개
물고기 두 마리
손에 들고 축사하시니
주의 자비하심 보고
바람도 엎드리고
구름도 발길 멈춘다
잔디에 앉은 사람들
오천 명이 배부르다

무리들 바시시한 머리칼
윤기 내려 흐르고
하늘은 더 높이 푸르고
바람의 행진곡은 신이 난다
열두 바구니 채운
남은 부스러기
많은 사람들이 본 기적이다

아무도 모르네

유대를 떠나시다
다시 갈릴리로
잠시 피곤을 풀 겸 멈추어선 곳
우연히 발견한 수가성 우물
사마리아 여인에게
물 한 그릇 청하셨네

여인은 몰랐네
가까이 와 계신 주님이 누군지
우리도 알아보지 못하네
여기 있다 저기 있다
무화과 나뭇잎처럼
말 무성한 헛된 바람 따라
휩쓸려 나가기만 하네

차가운 도로에 엎어져 있는
구걸인 볼 때
혹시 주님 아니실까 뒤돌아보며
신앙의 자기 시험에 빠져
갈등할 때 우리는 괴로워하네

'내가 주는 물은
영원히 목마르지 않는
생수가 되리라'
우물가의 여인처럼
헛된 것 구하지 말고
내 샘에 와 생수를 마시라는
주님 음성 듣기 원하네

엘리 엘리 라마 사박다니

서서히 밀려드는 어둠을 밟고
겟세마네 올라가는 한 무리
무겁기가 천근 같은 발걸음이다
제자들에게 깨어있으라 당부하시고
동산엔 홀로 올라가셨네

땀방울을 핏방울처럼 쏟으시며
외롭고 처절하게 기도하실 때
주님도 땅바닥에 얼굴을 묻고
슬퍼하며 우셨네

어둠이 온 땅을 덮고
제 구 시쯤 되었을 때
엘리 엘리 라마 사막다니* 하시며
예수께서 큰 소리로 지르셨네

다시 또 큰소리로 지르실 때
그의 영혼이 떠나셨네 아
이는 인간의 죄를 대신 지시고
희생양이 되신 거룩하신 순종이시네

* '나의 하나님 어찌하여 나를 버리셨나이까'의 아람어

성모 발현지 1
– 포르투갈 파티마 성지

파티마* 시골 목초지
세상 때 묻지 않은 순결한
세 명의 어린 목동에게
성모님 수차례 나타나셨네
기도하라 가르쳐 주셨네
예언과 작은 기적 베풀어주시고
지옥과 러시아인들의 회개와
교회의 대 시련 세 가지를 예언
그후 소련은 붕괴되었네
그 일 년 전에는 평화의 천사
세 번이나 나타나셔서
기도하라 가르쳐 주셨네
자다가도 일어나
깨어 기도해야 할 때라고

* 파티마 : 포르투갈의 성모 발현지

코바 다 아리아 Cova Da Aria
― 파티마 성지의 성모 발현 하신 곳

여기 이 드넓은 광장은
성모님 발현하신 곳
신고전주의 양식의 웅장한 성당은
파티마 찾는 순례자 위해
연중 쉬지 않고 기도와 미사가
계속되는 예배당입니다

처음엔 성모발현에 대해
아무도 믿지 않았습니다
맨 처음 발설한 세 어린이도
감금되었습니다
후에 성모 발현의 기적을 본 후
바티칸 교황청에서
성지로 지정하였습니다
오늘날 전세계 수많은 순례자들
찾아와 기도하는 곳이 되었습니다
이곳 백 주년 해에
윤장로님과 함께 왔으니
더욱 감동의 해였습니다

카타콤 Catacomb 1
– 유태인 피난처

살아야 했네
살아남기 위해
지하 무덤 속으로 숨어들었네

한 줄기 빛을 찾아 파고 들어가네
앞길엔 캄캄한 절벽뿐
눈물의 피난처에서
예배 처소를 만들고
찬송과 기도로 생명의 길을 텃네

놀라워라 여호와 이레
예비하신 안식처시네
주님이 함께 계시니
하늘나라 향한 소망의 땅이 되었네
은혜가 강물처럼 흐르네

* 카타콤 : 지하 무덤

카타콤 Catacomb 2

앞을 보아도 뒤를 돌아보아도
보이는 것은 절망의 그물뿐
로마군의 박해를 피해
가야 할 곳 피난처는 어디일까
'쿼바디스 도미네'
살아야 한다 살아야만 한다
지상에서는 숨을 곳을 찾을 수 없으니
살기 위해 지하로 숨자
돌무덤을 파 땅 속 묘지로 들어가자
굴을 파고 한층 한층 5층까지도
내려가 세상 빛이 차단된 곳
더 깊이 들어가 그곳에서
촛불을 켜고 예배를 드리도록 하자
갱도를 만들고 누군가 죽으면
묘소를 위해 양쪽 벽면을 파서 묻고
산자도 죽은자도 어둠 속 함께 동거하자
세상과 단절된 돌무덤 속
무덤 밖으로 나갈 날은 언제일까
그 비밀한 날
당신만이 아십니다

생명의 언약

요나단과 미갈은
사울왕의 아들 딸이었네 그들은
다윗을 생명처럼 사랑하였네
요나단은 언약을 맺고
증표로 겉옷을 벗어 주었네
다윗은 블레셋사람 표피를 주고
사울 왕의 사위가 되었네

사울은 다윗을 두려워 하였네
이스라엘 모든 성읍에서
울려 퍼지는 여인들의 노랫소리
'사울이 죽인 자는 천천이요
다윗이 죽인 자는 만만이라'

요나단은 아비가 그를 죽이려 하자
금식하며 슬퍼하였네
그들은 서로에게 입맞춤하고
두 가문의 자손과 자손 사이
야훼께서 영원히 함께하여 주시기를
여호와 이름으로 맹세하였네

믿음으로 오는 행함
– 라합의 믿음

그때에 여리고 성에
파다하게 퍼진 소문으로
온 성이 수런수런 어지러울 때

싯딤에서 온 두 정탐꾼
이 성을 엿보러 왔네

그들은 은신처를 찾아 헤매다
기생 라합의 여인숙으로 점 찍었네

라합은 들음에 대한 믿음으로
정탐꾼들을 지붕 위에 숨겨주고

여리고 군사들에게서
피신할 길을 열어주었네

여리고 성이
무너지고 정복될 때
그녀의 가족만이
약속대로 구원받았네

라합은 믿음을
행함으로 보여주었네
'믿음은 들음에서 나며
들음은 그리스도의 말씀으로
말미암았느니라'를 이루었네

불뱀과 놋뱀

출애급하는 사십 년 동안
가나안에 이르기까지
이스라엘 백성은
낮에는 구름기둥 밤에는 불기둥으로
인도와 보호의 은혜를 받았죠

그럼에도 원망과 불평은 계속되었죠
디베라 지방에선 악한 말로 원망하여
백성 중에 불이 붙었고
기브롯 핫다아에서는 식탐食貪하여
재앙으로 죽임을 당하였죠

에돔 족속의 땅을 멀리 돌아가자
다시 하나님과 모세를 원망하였죠
하나님의 은혜와 놀라운 기적을
체험해도 믿지 못하고 원망하자
불뱀에 물려 죽게 되었죠

비로서 회개의 봇물이 터졌죠
모세의 기도에 응답하신 하나님
뱀에 물린 자마다 장대 위에 매달린

놋뱀을 쳐다본 자를 다시 또 살리신
하나님의 사랑 그지없어라

호렙산 떨기나무

놀랍도다 불붙은 떨기나무
그 불꽃 타서 없어지지 않네
보잘것없는 떨기나무
그 불꽃 가운데 서 계신 이
그분은 누구신가
아브라함의 이삭의
야곱의 하나님이시네
세상 모든 권세 부귀영화
붙잡을 수 없이 사라지지만
떨기나무와 같이 보잘 것 없는
우리 인생에도
하나님의 불길이 임하시면
없어지지 않겠네
더욱 환하게 빛을 발하시겠네

아켈다마 Akeldama

그는 배신자 되어
은 삼십 냥의 값을 받고
스승을 팔았네
길잡이로 받은 삯
땅을 샀으나 거처하는 곳마다
황폐한 땅이 되었고
피밭이 되었도다

뒤늦게 깨닫아 후회하고
예수를 판 돈 던저주고
스스로 목메어 죽었죠
몸둥아리 곤두박질치니
터진 배에서는 창자가
죽은 뱀처럼 빠져나와
한없이 흘러나왔죠

예루살렘 사람들아
그가 산 땅을
아켈다마라 부르는가
피밭이라는 말이도다

가벼운 영혼으로 날고 싶다
– 민들레의 노래

안간힘을 다했다
무겁고 캄캄한 땅 속으로 스며든
가늘은 빗길 하나 붙잡고
뚫고 나온 봄길이다

눈이 부신 하늘 어디로 가고 있는
하얀 구름 어지럼증이다
이것이 꿈꾸던 파란 세상일까
영혼의 나래를 펼친다

또 다른 꿈을 꾼다
몸의 깃털 미련 없이 하나씩 떼어버리고
허물 벗고 비우고 승화하면서
홀씨 되어 날아가고 싶다

천지에 사랑의 씨앗을 뿌리며 더 높이
가벼운 영혼을 꿈꾼다
내 영혼의 무게는 얼마나 될까
4차원의 안식을 위해 찾아가는 길이다

3부
빛의 일기

살아있는 날의 꿈 조각 하나
나는 꽃가루에 묻혀
세상으로 싹을 틔워볼거나
당신의 신에게라도 이 소원
바쳐보기 원하네

제9시

절망의 땅엔 통곡의 강이 흐른다
어둠이 덮어버린 골고다 언덕길엔
가슴을 치며 따라가는 사람들

슬픔의 절규는 낙엽처럼 쌓이고
허둥대는 발걸음이 부서진다

빌라도여 왜 예수를 내어주었는가
십자가에 못 박기 원하는 자들에게

"엘리엘리 라마 사박다니
나의 하나님 나의 하나님이여
어찌하여 나를 버리셨나이까"

그때가 제구 시
주께서 소리 질러 외치시고
곧바로 숨을 거두실 때

성소 휘장 찢어지는 소리
위에서 아래로
휘장은 찢어져 둘이 되었다

주일 예배

영광의 해 떠오르는
거룩하신 날입니다
동에서 서에서 남에서 북에서
동서사방에서 마음과 발걸음이
서로 앞다투어
성전 향하여 달려갑니다

은혜로다 은혜로다
성전 향하여 달려가는
무리를 바라보니
산상에 계신 주님
이미 와 계신가 봅니다
오늘도 주님 먼저 오셔서
나를 기다리십니다
감격의 눈물
온전신으로 퍼집니다

성전 안 강대상
아름다운 꽃꽂이 너머
복음의 메시지가
하늘 나팔소리로 울려 퍼집니다

성가대의 "여기에 모인 우리
주의 은총 받은 자여라"
감사와 은혜 넘칩니다
복된 주일입니다

스타브 Stav 교회

천년의 시간이 흘렀다
앞으로도 몇천 년을 바라보는
당시의 그 모습으로 생생한
노르웨이 롬Rom의 스타브Stav*
1,170년 바이킹에 의해
세워진 루터교회다

받침대는 땅 위에 돌로 쌓았고
그 위에 소나무로 짜 맞추기
용법으로 지은 목조건물이다
못을 사용하지 않고서도
천년 그 이상을 지탱하는
보기 드문 건축물이 놀랍다

생선 기름으로 발라
빙하의 긴긴 비바람을 막고
눈에 덮히어도 변하지 않은
우수 보존력이 세계문화유산으로
등재된 이유다

십자가를 중심으로
지붕의 가장자리엔 용의 머리
지붕의 몸통은
용의 비늘 모양을 한 장식이다

용이 액을 막아준다는
당시의 사고방식으로 지었다
옛날 바이킹의 토속문화와
기독교 문화가 융합된 건축물이다
후세에까지 중요한 역사적 자료로
보존 가치가 높은 건물이다

* 스타브(Stav) : 노르웨이 롬 지역의 교회

쓴물과 단물

놀라운 기적을 체험했어도
또 다른 어려움에 부딪치면
원망을 하게 되는 것이
사람의 마음인가

사흘을 물 한 모금 마시지 못한 채
수루 광야에 다다른 무더운 날씨
목은 타고 고통은 심하였네

그렇게 마라에 도착했을 때
아 어찌 하리요 물은 있으나 써서
마실 수 없는 물인 것을

이스라엘 백성은 모세를 원망하고
모세는 또 하나님께 부르짖었네
하나님 시키시는 대로
한 나무를 물에 던지니
쓴물을 단물로 바꾸어주셨네

우리의 삶에 마라의 물과 같은
쓴물을 만날 때

모세가 부르짖어 기도한 것처럼
쓴물을 단물로 바꾸기 위해
하나님께 기도해야 할 것이네

헤세드 Chesed

뜨거운 태양 아래 수고의 땀으로
무르익은 황금빛 벌판
추수 뒤에 남은 보리 이삭 줍는
착한 여인은 나오미의 며느리
이방인 모압 여인 룻입니다

남편과 두 아들 잃은 나오미
기근이 풀린 고향 베들레헴으로
돌아갈 때 룻은 자기 길을 버리고
시어머니의 신앙과
그 가문을 따라갔습니다

그곳에서 남편의 '기업 무를 자'*
보아스를 만났으니 이는
룻과 보아스의 헤세드*이며
그 가운데 역사하신
하나님의 헤세드이십니다

* 기업 무를 자 : 기업을 되찾아 주는 사람(Kinsman-Redeemer)
* 헤세드 : 히브리어로 불변의 사랑, 인애, 사랑과 은혜

수로보니게 여인

유대 땅을 떠나 두로와 시돈에
계속된 사역에 주님도
피곤에 지쳐 숙소에 들었네

헬라인인 수로보니게 한 여인
소문 듣고 찾아와
발아래 엎드려 귀신 들린 딸
고쳐달라 간청하였네

'자녀의 떡을 개들에게 먼저 주지 않겠다'*
라는 주님의 거절에 여인은

개도 주인의 상에 흘린 부스러기를 먹는다는
간청과 애원으로 주님을 감동케 하였네

죽고 사는 것이
혀의 힘에 달린 증거가 되었네

* 당시 개는 이방인을 뜻하고 자녀는 유대인을 지칭

변화산상에서 일어난 일

문득 올려다보니
아 아 놀랍도다
그분 얼굴은 해같이 빛나고
옷은 빛과 같이 희어졌도다
영광의 형체로 빛나니
찬란하여 눈이 부시도다

모세와 엘리야가 나타나 세 분 대화 하시니
그 모습 거룩하고 아름다우시다

변화산상에 오르신 주님의 변화된 모습에
베드로와 야고보와 요한 세 제자들
두렵고 놀라웠도다

구름 속에서 들려오는 말 있으니
'내 사랑하는 아들 내 기뻐하는 자니 너희는
그의 말을 들으라'
주님 부탁하신 말씀이도다

장차 우리도 산상 위의 주님과 같이
영광된 형체로 변화되는 축복 받을 그날이

반드시 올 임재하심을 믿고
그의 말씀을 쉐마*하리로다

* 쉐마 : 히브리어의 '들으라'와 '임재'

카인의 나라

형제의 죄를 일곱 번까지
용서해 주리이까

"일곱 번뿐 아니라
일곱 번을 일흔 번까지라도
할지니라"*

가인이 돌로 쳐 죽인
아우 아벨의 피
멈추지 않고 흐르고 있는 땅

용서할 수 없는 자라도
용서하며 살아야 하는
일곱 번씩 일흔 번까지라도

* 마태18:21~22

생명의 소리

한밤중 잠결에
아스라이 들려오는 소리
이웃 어느 집에서 들려오는
아기 울며 보채는 소리
컹컹 개 짖는 소리
이제는 언제인 듯 까마득히
먼 향수가 되어버렸네
생명의 소리 그립다

생명을 잃어버린
죽음의 도시인 듯
밤은 교교하고
차디찬 하얀
형광등 사이사이로
붉은 십자가 불빛
심판의 날 기다리는 듯
묵상 중인가 보다

어떤 불청객

천지에 꽃이 핀다
산에도 강에도
주렁주렁 꽃타래 열리고
꽃향기 안개처럼 거리에 스며든다

꽃 지고 나면 다시 또 피어나는
사계절 아름다운 파라다이스

보이지도 않고 모양도 없는 것이
소리도 냄새도 없이
쓰나미로 밀려와
우리 평화의 보금자리
쑥대밭으로 만들어 버렸다

이 불량한 불청객은 어디서 왔나
문설주에 꽃의 피를 바르고
꽃향기로 몰아낸다

육체는 죽여도
영혼을 죽이지 못하는 팬데믹
인류의 기도로 승리의 깃발 꽂는다

여호와 이레

위대한 지도자
모세와 이스라엘
홍해에서 영광과 위엄의
계시를 보았네

사흘 길을 수르 광야에서
갈증으로 목이 탔네
마라의 물은 써서
마실 수가 없었네

백성들의 불평과 원망에
부르짖은 모세의 기도에
쓴물이 단물로 변하는 기적
여호와 이레 예비하셨네

어느 수인囚人의 꿈 노래

세월은 흘러가도
이곳은 정지된 시간
분출구 없는 철의 장막
오르려 발버둥 쳐도 허공이네
더욱 나락으로 떨어지네

회한悔恨과 용서와 사랑이
맞물려 나가는 배반의 세월
뒤돌아보지 마라
사무치는 절규하는 신음
안으로 안으로만 소리쳐라

한숨 하나 빛바랜 창틀에 걸쳐놓고
살아있는 날의 맺힌 한을
엉겅퀴 한 움큼 뜯어
이엉 엮듯 세월을 엮을거나

이 밤도 잠들지 못하는 강물
한 손가락에 찍어
실낱같은 명줄
동그라미로 그려볼거나 그래도

살아있는 날의 꿈 조각 하나
나는 꽃가루에 묻혀
세상으로 싹을 틔워볼거나
당신의 신에게라도 이 소원
바쳐보기 원하네

그랜드 캐넌 Grand Canyon

오 궁창이 열리던 날인가
천지창조 태초의 땅의 모습인가
알파요 오메가의 처음인가
진화론으로 거슬러 올라가는
46억년 전의 모습일까
24억 년 전 빙하시대의 모습일까
나사NASA에서 발표한
우주 나이 137억 년 전 그때일까
인간의 손이 미치지 않은 듯
이 장엄하고 엄숙한 장관 앞에
물음표만이 연달아 나오는
경이로운 감정에 숨이 멎는다

지구 역사상 지상 최대의 볼거리
이곳을 찾아오기 위하여
미국 캘리포니아주에서 출발
나는 끝도 없이 펼쳐진
금빛 모하비 모래사막을 바라보며
몇 개의 주를 거쳐 여기 애리조나주까지
그랜드캐넌 국립공원에 감탄으로 서 있다
웅장하고 신비로운 장엄한 협곡

천지창조주의 솜씨
대자연 앞에 숙연해진다

영국 BBC 방송이 죽기 전에 꼭
가 보아야 할 곳으로 선정한 곳 1위다
한 번도 아니고 몇 번씩이나
이곳에 다녀오게 된 나의 행운을 감사한다

불순종의 끝
– 아이성의 교훈

그때의 일을 기억하는가
요단강을 육지같이 건넜던 일을
난공불락의 견고한 요새
여리고 성을 무너뜨린
승승장구의 개가를 올렸던 일을
그러나 아 그에 비해
비교도 안 되는
작은 도성 아이성의 공략은
참패로 끝났네

왜 그렇게 되었을까
명령에 불순종한 자
그 가운데 있었기 때문이네
아간이었네
시날산의 고급 외투와
은 이백 세겔과 금 오십세겔이었네

탐심이 가져온 물건을 훔쳐서
장막의 땅속에 감추었네
전투에서 무엇 하나 개인적으로
취하지 말라 하신 명령을 어긴 일
이것이 실패로 끝난
아이성의 교훈이었네

4부
영원한 여기에

당신 위한
눈물의 기도가
응답의 꽃으로
여호와 라파
여호와 닛시 구하는
누군가 당신 위해
기도하는 밤입니다

피에타 Pieta

높고도 깊은 그 성결함이여
지고지순至高至純으로 승화된
고통의 늪엔
당신의 사랑만이 깃드려 있습니다
십자가에 달리신 아들의
시신을 끌어내려 무릎 위에 올리고
죽음까지도 품어안은 어머니의 팔은
연약함이 아닌 지극한
모성애의 강한 의지입니다
절대 믿음입니다
참혹한 고통 그 처절한 절규는
비탄을 넘어 삶과 죽음의
간극 사이로 흐르는
깊은 기도의 묵상입니다
안으로 안으로만 삼키는 붉은 핏물
온몸으로 흘러내려
당신의 옷자락이 보혈로 물듭니다
애절하고도 숭고한 사랑이여
고요와 평안으로 마침내
영혼의 바다에 빛으로 흐릅니다

* 피에타(Pieta) : 미켈란젤로의 대표 조각 작품. 로마 바티칸 박물관 소장

베드로 성당

당신도 가보셨습니다
세상에서 가장 아름다운 성당
세상에서 가장 큰 성당
로마 바티칸시국의 베드로 대성당입니다

천연대리석으로 파스텔톤의 색감과
다양한 패턴의 섬세하고 화려한 모자이크로
온전히 채워진 성당 내부는
천장 벽 바닥 모두가 아름다운
예술의 극치입니다
모든 대리석이 마치 실크천에
가는 명주실로 수놓은 듯합니다

피에타 상 성모님 대리석 치맛자락 주름도
실크천에 흘러내린 섬세한 주름으로 보입니다
발걸음 옮길 때마다
꽃길을 밟는 것 같은 황송한 마음입니다
발로 밟고 가기엔 너무나 송구한 마음으로
내 몸이 붕 떠서 걸어가는 것 같습니다
천상의 길을 걷는 것 같습니다

황금빛으로 눈이 부신 성당은
마음도 부십니다
신이 함께 계시다는 은혜를 느낍니다
성령의 감동입니다
경이롭고 감격스럽습니다

바티칸 시국

나라 안의 도시
도시 안의 국가

이탈리아 수도 로마 시
시 안에 있는
인구 800만 명의 나라
도시 전체가 유네스코
세계유산으로 지정된
세계에서 가장 작은
독립 주권을 가진 국가이다

로마 교황을 원수元首로
카톨릭교의 총 본산이다
세계의 정신적 지주支柱인
이 국가에서
아기 울음 소리가 나면
아 어찌하리
세계가 경악하고 좌절한다

국민은 오직
신부와 수녀만이기 때문이다

천국 열쇠

'천국 열쇠'를
누구에게 줄까 고민하고
또 고민하고 계시던 주님

그 고민 풀기 위해
가이사랴 빌립보 지방에서
제자들에게 질문하셨네

'사람들이 인자를 누구라 하느냐'
'세례요한' '엘리야' 선지자 등등
여러 대답 있었네

그때 시몬 베드로도
'주는 그리스도시요 살아계신
하나님의 아들'이라고 대답했네

속으로 쾌재를 부르신 주님
'바요나 시몬아 네가 복이 있도다
내가 천국열쇠를 네게 주겠다' 하시며

베드로에게 천국열쇠 건네주셨네
믿음이 내리는 아름다운 장면이네

부활의 빛

영광으로 빛나는 아침
부활의 날입니다
사순절 고난주간의
어두운 옷 벗고
밝고 환한 옷차림으로
교회로 향하는
성도들의 발걸음 가볍습니다
활짝 열린 새생명의 길로
걸어갑니다

한쪽 손에 성경가방
또 다른 손엔 달걀 바구니
바구니에 담긴 달걀들도
곱고 예쁜 치장으로
생기를 얻고
곧 날아갈 듯 보입니다
부활의 빛이 온 교회 위에
온 누리에 밝고 환합니다

누군가 널 위하여

꽃들도 별들도 바람마저도
쉼을 누리는 밤입니다
당신만이 잠 못 이루고 있는 밤
당신 무릎 아래 떨어지는 눈물방울
이슬 되어 당신 가슴에 맺힙니다
그 눈물 아픔 위해 기도하는 이 있습니다
누군가 당신 위해 기도하는 밤입니다

당신이 너무 지쳐 기도할 수 없을 때
잠 못 이루고 있는 당신
당신이 지쳐서 쓰러질 때
힘없는 당신 위해 기도하는 이 있습니다
당신 위한 눈물의 기도가 응답의 꽃으로
여호와 샬롬 여호와 닛시 구하는
누군가 당신 위해 기도하는 밤입니다

흙의 부활

무게를 벗어요
덮고 있는 드리워진
그림자도 벗어요
횡격막 활짝 열고
심호흡을 해요

귀를 쫑긋하고
남으로부터 올라오는
봄소식에
귀 기울여 봐요

햇빛과 바람의 입김으로
흙 속의 엉클어진 뿌리들을
가즈런히 빗질하세요

그리고
흙의 몸 속으로 흐르는
수맥관을 통해
보폭을 늘려 달려오세요

태양의 기운을 받아
흙의 창문을 열어젖히고
새봄의 부활을 꿈꾸세요

한 해의 선물

햇빛과
바람과
구름과
비

그
리
고

푸르름의 향연
황금벌판의
금빛 열매들

풍성하고 정갈한 식탁으로
채워주시니 감사합니다

백 년, 그 존재와 소멸의 고독

살아있는 것에의 경외감으로
생명을 존귀히 여겼네
인류를 품에 안고 가던 날들은
이제 백 년의 고독한 사랑이 되어버렸네
갈까마귀 거부할 수 없는 몸짓으로
바람의 손짓 따라가네
검은 날개붓으로 푸른 하늘 꺼멓게
덧칠하며 날아가네
지난날의 의지를 잃어버린
언덕 위 억새풀 풀어진 시선
하얗게 흩으러진 갈기 끝으로
바람을 날리며 뒤돌아보네
다시 못 올 그날을 그리워하네
성애 낀 시야 너머로
아름다운 세상을 바라보네
낯설게 멀리 바라보네
내가 돌아갈 영원한
본향의 길은 하늘나라

사랑아 나는 통곡한다

너를 위한
나의 기도의 길
그 길은 멀기도 멀다
내 연약한 기도
하늘에 닿기도 전
기다리다 먼저 하늘로
떠나버린 너
사랑아
나는 통곡한다

갓 겨울 지나 3월
개나리 진달래
곱게 곱게도 피었구나
순백의 목련꽃 꽃바람 속에
고결한 너의 순수 맑은
그 웃음의 자리엔
내 눈물비 고인다

너는 한 방울 눈물로
흐드러지게
만발한 꽃들 위

허공을 헤매다
어느 꽃잎 위에
이슬로 맺힐까

바람은 머물다
그 자리 밟고
떠나가는데
너의 영혼은 지금쯤
어디로 가고 있을까
사랑아
나는 통곡한다

신들은 어디로

아크로폴리스 언덕 위
파르테논 Parthenon
기원전 그리스 아테네 사람들
아테나 여신에게 바친 신전이다
신들이 왕래하는 출입구는
해 들어오는 자리에 자리매김하고
최고급 백색 대리석으로
최고의 선물로 만들었다

올림포스 12신 중 하나인 그녀
아테네 수호신 되기 위해 경쟁할 때
언덕에 바닷물 솟아오르게 한
포세이돈 제치고
올리브나무 그늘과 열매로
수호신 자리 차지했다

2차대전 포탄으로 신전은 풍비박산
인간들의 땅따먹기 전쟁에
신들은 어디로 숨어버렸는지 그 비밀한 일
인간의 차원을 넘어서야 알 수 있을까

지금은 기둥만 남아 깨지고 부서진 돌
주워모아 복구작업 한창 공사중이다

흔하디 흔한 풀과 흙은 찾아볼 수 없고
돌덩이에서 조각나고 부스러진
발밑의 돌들 수많은 디딤 발에
차돌처럼 반질거려 미끄러질까 마음조림
남편과 손 붙잡고 서로에게 조심하라고
땡볕에 그늘 히나 없는 언덕을 내려오며
그때의 그 많던 신들은
다 어디로 갔을까 생각에 묻힌다

아즈위 Azwi
   – 넬슨 만델라

그가 존재하는 곳
사방을 둘러봐도 희망의 싹이라곤 없는
그는 종신형으로 루벤섬 감옥에 투옥
면회마저 금지된 채 고문과 폭력에 짓밟혔다
감옥에 구금되었을 때
어머니와 아들이 고통을 안고 세상을 떠났지만
장례식에도 갈 수 없는 한을 남겼다

감옥에서 십사 년 된 해
첫 면회 허용에 큰딸이 아기를 안고 와
아버지가 지어 준 아즈위Azwie(희망)라는
이름 앞에 딸은 한없이 울고 갔다

십삼 년이 더 흐른 뒤 44세에서 71세까지
27년간 억울한 감옥생활이 끝나고
아 남아공 최초의 흑인 대통령이 탄생되었다

그는 흑백 분리 정책을 철폐
정적들을 용서와 사랑으로 포용정치 실천에 성공
노벨평화상을 수상하였다

그의 죽음 앞에 세계 언론들 앞다투어
'인간의 품격을 한 차원 높인
숭고한 사람'이라고 존경을 표했다
절망 가운데서도 끝까지 희망을 포기하지 않고
승리를 이룬 그는 바로 넬슨 만델라
하나님의 사랑과 용서를
이보다 더 실천한 사람 어디 있을까

울지마라 톤즈
- 이태석 신부

울지마라 톤즈
눈물을 보여서는 안 되
강인함과 용맹함의 딩카족에겐
눈물은 가장 큰 수치다
그러나 그들은
눈물을 흘리며 울었다
마흔여덟의 생을 마감한
이태석 신부를 위해

아프리카 남수단 톤즈 마을
신부의 영정사진을 들고
톤즈의 자랑 브라스밴드가 마을을 행진한다
나라와 인종 이념과 종교를 초월
인류애를 몸소 실천한 숭고한 희생정신이었다
가난과 질병 열악한 자연환경 절망의 땅에서
온몸 바쳐 그들을 사랑했고 희망이 되어준
선생님이며 의사 지휘자이며 건축가인
영원한 아버지 아프리카의 한국인 슈바이쳐
이태석 신부를 가슴에 묻고 울었다
당신이 그랬던 것처럼 우리도
뜨겁게 사랑하며 실천하며 살겠습니다 라며

그러나
"아프리카의 햇살은 아직도 슬프다"*

* 이재현 저

멈추어선 시간 위로

벼랑 끝에 매달려 발버둥 치던
피돌기를 멈춘 고뇌의 심장
마침내 두 손을 놓아버리고 말았네
그 찰나에 한 시간은 멈추고
한 세계도 멈추었네

아 가엾은 비둘기같이
차디찬 땅바닥에 떨어져
육신만 남겨놓고 영혼은 떠났네
이승과 저승의 경계선상에서
서로 손을 놓지 않으려
기도의 줄을 붙잡고
그렇게 안까님 썼지만 어찌하리

영육의 세계는 차원이 다르네
이미 갈라선 서로의 운명
멈추어선 시간 위로
달려나가는 또 다른 시간이여
3차원의 세계를 떠나버린
4차원의 세계는 안개꽃 너머
육신의 시야에서 사라지네
시나브로 희미하게 사라지네

5부
은혜 안에

사랑하며 살 수 있는 날
그날은 얼마나 남았을까
우리가 사랑할 수 있는 시간이

기도

당신을
찾아가는
이 길은

미혹이 없는
순전한 길

미로에서
영혼의
길라잡이

뒤따라가는
4차원의
영성길

침묵 응답

울며 부르짖는
기도에도
침묵으로
응답하시는 분
몇천 년 똑같으시다

침범할 수 없는
무거운 위엄
기도의 응답은
침묵으로 주신다

주의 때를
기다리는
믿음만이
침묵으로
응답받는다

한 생애

내 삶의 백 년
한 세기는 나의 것

'생육하고
번성하여
땅에 충만하라'*
축복하신 땅

'내가 나 된 것은
하나님의 은혜로 된 것이니
내게 주신 그의 은혜가
헛되지 아니하여'*

나에게 주신
축복의 은혜
감사히 누리며 살리

* 창세기1장 : 28
* 고전15 : 10

성찬 聖餐

흠도 티도 없이
형벌 받았네

누구를 위한
형벌인가

누구를 위하여
죽임당하셨나

피맺힌 절규의 소리
듣지 못하는 내 귀는
영혼의 귀머거리

지금 먹고 마시는
눈물의 양식과 잔은

십자가에
못 박히신 몸과
십자가에
흘리신 보혈입니다

성찬聖餐의 은혜

거룩하신
성찬의 날에
먼저 드립니다
회개의 기도와
눈물의 찬송

그 살과 그 피로
베푸신 잔칫상이오니
오늘 주시는
이 떡과 잔은
한없는 생명의 은혜라

성자聖者의 살과 피
내 안에 들어오니
주 항상
영원한 생명으로
내 맘에 오시옵소서
주 항상
내 맘에 계시옵소서

존재의 인식

살아 있다는
생명에 대한 경외감
이 광활한 우주에
작은 한 점
나의 존재 인식이
나를 깨웁니다

눈 뜨면 빛 부시게
다시 떠오르는 태양
찬란하게 붉게 물들이며
서서히 사라지는 져녁 노을
이슬 맺힌 꽃들이 피어나고
지저귀는 새들 바람소리
가족들과의 즐거운 대화
좋은 소식으로 유쾌한 통화

이러한 일상의
작은 일들이 항상
나의 생애에
눈뜨면서부터
나를 황홀하게 합니다
은혜와 축복입니다

사피엔스

척박한 황무지에 연한 새싹
거친 자갈밭에 돋아나는 새순
무엇도 막지 못할 생명줄이다

바이러스 덮친 병든 지구촌에도
인류는 새 생명 잉태해
탯줄 붙들고 카오스의 우주에
당당한 울음 토한다

'생육하고 번성하고 땅에 충만하라'
하나님도 아름다워 축복한 땅
인류의 맥을 보존할 존엄한 사명 있다

백신과 마스크로 무장한 인류 앞에
코로나19 너 비켜 가라
온갖 비말과 오염을 끌어안고
지구를 떠나라, 당장 떠나라

페르소나

흰옷 입은 사람들 꽃차를 타고
씨를 뿌리며 지나간다

꿈의 씨앗 품은
욕망의 수레 지나간 자리엔
우후죽순처럼 드러난
건물들 기지개를 켠다

펜트하우스도 덩달아 높이
공작새는 화려한 날개를 펼친다

모던한 캐릭터의 시크한 건물
빨간 뱀 한 마리 스르르
미끄러져 나간다

문명의 발달에 변신한 투명 사탄
인간이 쌓아 놓은 공든 탑
제멋대로 오르내리며
마스크의 행렬을 조롱하며 바라본다

오 하느님 당신도
어찌할 수 없으십니까

뻔뻔함을 감춘 마스크 가면 속
울부짖는 기도엔
한 방울의 눈물이 부재다

고도를 기다리며*

소리 없는 전쟁이다
미세한 침 한 방울의 입자가
신발도 신지 않고 국경을 넘나든다

육대주를 멀다 않고
지구촌 곳곳을 휘젓고 들어가
상상 초월의 위력을 발휘한다

나라마다 집집마다 빗장 걸고
입막음에 마음마저 닫게 하더니
이웃과 식구까지 갈라놓아
위풍당당하고 자유롭게 살아가던
인간의 삶이 구겨지고 무너진다

이십 세기 오억 명을 감염시키고
일억 명을 희생시킨
스페인독감의 공포가 되살아난다

소리 없는 이 전쟁 언제 끝나고
입 벌리고 하얗게 웃을까
언제까지

이 참담한 역병 사라질 날 기다리며
동굴 속에 갇혀있어야 할지

이것은 재앙일까 신의 노여움일까
인간이 뿌린 탐욕의 씨앗으로
바벨탑은 얼마나 높이 올라갔을까

* 고도를 기다리며 : Samuel Beckett의 희곡 Wating for Godot의 제목 을 옮겨 옴

부탁의 말씀

죄 없는 자를 십자가에
못 박기 원하는 자들이여

하늘을 보라, 땅을 보라
무섭지 않은가
여자들의 무리가 울며
곤두박질치며 뒤따르네

앞서가는 군중 틈에서
들리는 말씀 있었네
"예루살렘의 딸들아
나를 위하여 울지 말라.
너희와 너희 자녀를
위하여 울라" 하셨네

해골 땅 십자가에 못 박는
둔탁한 소리 무겁게 퍼지네
"아버지 저들을
사하여 주옵소서"
마지막 남기신 말씀
이십일 세기 오늘날에도
그 울림이 이어지네

감사하는 순종의 삶

절대 믿음
절대 감사는
믿는 자의 삶입니다
'믿음은 바라는 것들의 실상이요
보이지 않는 것들의 증거니
선진들이 이로써 증거를 얻었느니라'*

진실로 믿는 자들은
부르심을 받았을 때
믿음으로 순종하였습니다

믿음으로 칠일 동안 행하였을 때
여리고 성이 무너졌습니다
믿음으로 홍해를 육지같이 건넜습니다
이들은 믿음의 인내를 가졌던
수많은 역사적 인물들 중 하나이며
후세들에게 믿음의 증거를 남겼습니다.

* 히브리서 11: 1

카르페디엠, 메멘토모리

창밖으로 올려다본 지난밤 하늘엔
별 무리 찰랑찰랑 눈웃음치며
소곤거리고 있었죠

그 아래 별보다 밝게 반짝이며
사방으로 퍼지는 빛의 스펙트럼이
세상을 아름답고도 황홀하게
비추고 있었죠

별빛도 불빛도 사라진 오늘
다시 오는 새벽은
설렘으로 무한 감동입니다

존 키팅 선생이 생각납니다
"현재에 충실하라"고
"죽은 시인의 사회"에서
학생들에게 외친 말입니다

하나님이 축복하신 땅에서
나에게 주어진 황금 같은 복된 하루를
충실하게 행하며 감사하는 날입니다

시간은 무한하지 않고
언제 다가올지 모르는
인생의 끝을 이제는
생각할 때가 되었습니다

주님 부르실 때
사랑하는 사람들을 뒤로 두고
이 세상에서의 은혜와 축복
감사하는 마지막 순종의 시간
아름다운 영혼의 모습 그려봅니다

우리가 사랑할 수 있는 시간

당신도 말하지 않았던가
인생은 유한하다고
인생은 짧다고
생텍쥐페리도 이미 그렇게 말했었지

이 천지간 우주에 나는 존재한다
태양계에서 세 번째 행성인
지구의 나이는 약 46억 살
인간의 나이 맥시멈으로 계산해도
백 세를 넘기 어렵다

이 기간에 우리가
먹고 잠자고 일하고 나면
사랑할 수 있는 시간은 얼마나 될까
품고 있는 사랑의 씨앗으로
얼마나 오래 사랑을 꽃피워낼 수 있을까

우리의 영혼이 도달할 수 있는
고귀하고도 숭고한 사랑
부부의 사랑 자식에 대한 사랑 등등
놓치고 싶지 않은 사랑

나는 지금 행복하고 기쁘다 그러나
시간은 점점 소멸해 가고
인생은 죽어가는 것이다

사랑하며 살 수 있는 날
그날은 얼마나 남았을까
우리가 사랑할 수 있는 시간이

마스크여 백합꽃으로 피어라

수다로 만발한
언어의 꽃이
당신의 입술 위에서
하얀 백합꽃으로
피었습니다

당신의 입술 위에도
변이의 바이러스
오미크론
하얀 백합꽃 향기로
피었습니다

이 꽃들이 아름답게
이 꽃들이 향기롭게
지성소의 기도가
되기를 원하옵니다

오 하느님
세상과 사람을 사랑하십니다
당신이 참고 기다리시는
마지노선은
어느 때까지입니까

평설

새벽이슬시학
– 맹숙영 시집 『영원한 여기에』에 부쳐

이영지
시인·문학박사·철학박사

1. 맹숙영시인의 시적 이력

맹숙영 시인이 12번째 『영원한 여기에』 시집을 내게 되었다. 시집 상재를 진심으로 축하한다.

맹숙영 시인의 12번째 시집 『영원한 여기에』는 '제1부 영혼의 눈 맑은 강' '제2부 영혼의 메시지' '제3부 빛의 일기' '제4부 영원한 여기에' '제5부 은혜 안에'이다. 모두 '신령한' 이미지로 각부에 그 의미를 붙여 신앙문제에 접근되어 있음을 알린다.

맹숙영의 『영원한 여기에』 시집 탄생은 맹숙영 시인이 「창조문학」에 시인으로 등단한 이래 첨단학문인 양자역학이 접근되는 시점까지 와 있다. 이유는 시집 제목 『영원한 여기에』가 영원의 시간과 현재의 시간이 공유하는 얽힘으로 되어 있어서이다. 그의 시집은 첨단과학이 증명하는 양자역학시의 접근을 가능하게 한다. 그럼으로써 고도의 시적 가치를 지닌다.

2. 시집 「영원한 여기에」의 향기

1). 양자역학시의 얽힘

(1). 얽힘

시집 『영원한 여기에』의 '영원한 여기에'는 향기[1]를 낸다. 시집 『영원한 여기에』의 향기는 시인이 절대자의 형상을 따라 만들어진 시인의 모습으로 빚어진 가치가 있는 참으로 귀한 보고시집이다.

향기는 서문에서부터 시작된다. 아직 축제 중입니다 서문이다.

은혜였소
축복이었소

한 세기를 걸어가는 디딤돌 위에 서서
가던 길 멈추고 잠시 뒤돌아보며 숨을 고른다
그사이 반백 년 훌쩍 넘은 희미해진 나이테
백 년의 고독한 사랑의 화석으로 허옇게 퇴색되었다
불혹을 지나 지천명이 언제였나 산수의 잔치도 끝났다
아리스토텔레스도 수많은 철학자들도 풀지 못했던
나는 누구인가

---

[1] בְּצַלְמוֹ(브잘레모·P.NMS.MZS, in his own image, 창 1:27):

정체성을 찾아 미로 같은 내일의 길을 걸어간다

결 곱게 내린 붓 끝이 남편의 손끝에서

묵향 짙은 먹물에 고루 묻혀 예서의 꽃을 피우는 밤

나는 꽃잎에서 이슬 한 방울 따와

자음 모음 모아 시꽃 피우는

까만 밤 하얗게 새우는 날이다

시를 위한 주문(呪文)의 밤 가고 미명이 트면

아침햇살 받은 잔잔한 강물은 보상인 듯

윤슬로 보석밭 깔아준다

아주 작은 것에 감동하고 감격하였던 날들

때때로 나는 천국을 걸었지

그 빛 안에 그 사랑 안에서

감사로 시작하는 새벽 내일을 꿈꾸는 밤

나는 아직 축제 중이다

　　　　　　－「아직 축제 중입니다」

　서문의 축제가 예시하고 암시하듯이 이 시집은 과거와 미래가 현재로 공존하는 양자역학시의 시간관이다. 양자역학시의 특징은 과거는 없는 현재의 은혜와 축복으로 시작된다. 그럼으로써 맹숙영 시의 포문은 시 안에 한 세기가 들어있다. 오히려 현재진행형을 알린다. 시인의 시간 영원한 여기에를 꽃잎에 이슬 한 방울을 따와 아침햇살로 엮는 시가 되고 있다. 이 시 꽃은 윤슬로 보석 밭을 깔아주기에 시인은 행복한 여인이다. 시속에서 시인이 감사의 헌시를 읊는다.

　맹숙영 시인은 이 시집 전체를 "은혜였소//축복이었소"로 축약한다. 맹숙영 시인의 시만이 지닐 수 있는 양자역학시학으로 접근하게 되는 것은 한 세기를 지금도 걸어가는 디딤돌 위에 서서 시를 쓰기 때문이다. 과거가 현재와 미래가 함께 적용될 수 있는 시평으로 설명되어져야 하는 당위성을 지닌다.

　따라서 서문에서 제시했듯이 시인은 "나는 누구인가"에 그 저울추를 달고 있다. 시인은 개인의 일상에서 나의 "정체성을 찾아 미로 같은 내일의 길을 걸어간다/ 결 곱게 내린 붓 끝이 남편의 손끝에서/ 묵향 짙은 먹물에 고루 묻혀 예서의 꽃을 피우는 밤/ 나는 꽃잎에서 이슬 한 방울 따와" 시 꽃을 피운다.

　양자 역학 시는 우연의 법칙을 거부한다. 반드시 그 얽힘이 있다.

(2). 새벽이슬의 가치

　맹숙영 시인의 2024년 12번째 시집 『영원한 여기에』의 서문은 이슬이 아침이슬로 그리고 아침햇살로 나아가면서 그 포문을 연다. 양자역학시의 얽힘 길을 연다.

　　나는 꽃잎에서 이슬 한 방울 따와
　　자음 모음 모아 시 꽃 피우는
　　까만 밤 하얗게 새우는 날이다
　　시를 위한 주문(呪文)의 밤 가고 미명이 트면

아침햇살 받은 잔잔한 강물은 보상인 듯

윤슬로 보석밭 깔아준다

　　　　　　　　－ 서문에서

나의 하나님

내 안의 당신은

새벽이슬에 덮여있는

뿌연 안개밭입니다

당신을 찾아

밤새도록 헤맬 때

축축이 젖은 발은

내 안식의 강가에 앉아

쉼을 얻습니다

　　　　－「나의 하나님」에서

기도원 여름 성회

동산엔 햇빛 하얗게 불 내리고

성전 안엔 눈물 비 뜨겁게 내립니다

헐몬산 이슬이 시온에 내림같이

안개비 물속같이 차오르니

승리의 십자가 바라보며

보혈의 강을 건넙니다

　　　　　　－「울게 하소서」에서

꽃이 지는 밤이라도
바람은 꽃향기 실어 오네
에오스의 슬퍼하며 흘린 눈물이
새벽이슬로 젖네
어여쁜 여인이여
　　－「달리다굼 일어나라」에서

꽃들도 별들도 바람마저도
쉼을 누리는 밤입니다
당신만이 잠 못 이루고 있는 밤
당신 무릎 아래 떨어지는 눈물방울
이슬 되어 당신 가슴에 맺힙니다
　　－「누군가 널 위하여」에서

너는 한 방울 눈물로
흐드러지게
만발한 꽃들 위
허공을 헤매다
어느 꽃잎 위에
이슬로 맺힐까
　　－「사랑아 통곡한다」에서

　　맹숙영 시인의 이슬은 『영원한 여기에』 시집에서의 가장 다빈도 현상의 시어들이다. 등단 때의 시어들과 양자역학이론의 긴밀한 얽힘을 드러낸다. 영혼의 노래임을 드러낸다. 그만큼 양자역학 시로서의 접근이 맹숙영 시를 더 우수하게 하기 때문이다. 때문에 본 시평에서 시평은 맹숙영 시 연구의 서문이기도 하다.

3. 새벽이슬이 타임머신을 타고

　1). 첫새벽이슬

　(1). 양자역학 시

　양자역학이론에서 바라보는 맹숙영 시인의 시학은 지금으로부터 2000년 넘게 가락국 시조 수로왕(首露王)의 수로(首露) 이름에서 찾아진다. 수로(首露)의 로(首)는 우두머리, 처음의 뜻이다. 더구나 뒤 글자 로(露) 는 이슬 로(露)이다. 따라서 한 날의 처음, 곧 새벽이슬의 의미를 지닌다. 그래서 이 맹숙영 시평 제목을 '새벽이슬시학'이라 하였다. 더구나 수로왕(首露)의 로(露)는 은혜를 베풀다이다. 하늘 위에서 은혜를 내리는 은총을 받는다. 하나님의 은총을 받는 시집이다.
　하늘에서 내리는 성령의 힘을 얻는다. 맹숙영 시인의 시집 『영원한 여기에』는 성령의 역사가 하늘에서 내리는 첫 이슬이 만들어내는 귀한 현제 2024년의 시집이다. 하늘에서 내리는 은혜로 하나님께 헌신하는 시집이다.

4. 맹숙영 시인의 사랑탄생연가 감탄 역학

1). 아기탄생

(1). 연가

아무리 척박한 장소의 땅이어도 그리고 숨어서 목숨을 유지하기 위해 숨어든 지하무덤에서도 신앙은 지켜지듯이 맹숙영 시인의 『영원한 여기에』는 하나님 사모의 현재진행형 시다.
영원한 여기에의 감탄 예수탄생 사랑노래이다.

> 구유에 뉘어있는 아기
> 경배하러 가는 박사들
> 메시아의 표적을 본다
> 세상을 사랑하시는
> 하나님의 선물
> 독생자이신 그 어린 양
> – 「이새의 줄기에서 한 싹이 나다」에서

'영원한 여기에'를 만들어내는 현재진행형 시 「이새의 줄기에서 한 싹이 나다」 시 기법이 있다. 하나님이 맹숙영 시인에게 감탄의 시를 주셨다. 아! 감탄이다. 아기 탄생이다. 감탄어 으 = 으!(산스크리트어)[2]이다. 이새의 줄기에서 한 싹이 나다!이다. 우리

---
2) 강상원, 『東國正韻 실담어 註釋』(서울: 明倫學術院·2018), 232. 음양의 이치 실담어悉曇語.

에게는 감탄어 ㅇ 옛 고어가 있다. 이 ㅇ는 감탄어 산스크리트어에서 찾아진다. ㅇ = 아ᄉ아이다. 사랑의 현주소이다. 실제 문헌상으로 감탄어가 『청구영언(靑丘永言)』에서 이 ㅇ가 있다.

고기는 기독교 신자를 대표하는 상징 생물[3]이다. 맹숙영 시인은 그의 「당신의 기적」시를 통해 물고기 두 마리를 알린다.

> 구유에 뉘어있는 아기
> 경배하러 가는 박사들
> 메시아의 표적을 본다
> 세상을 사랑하시는
> 하나님의 선물
> 독생자이신 그 어린 양
> 　　- 「당신의 기적」에서

맹숙영 시인은 그의 시집 발간 번호를 12번째로 한다. 「당신의 기적」시에서는 "열두바구니"가 등장한다. 성경의 고기는 하나님과 백성과 예수님의 얽힘 관계이다.

고기의 곤이(鯤鮞 큰 고기)는 알[4]이다. 고어 ㅇ에 ㄹ이 붙어 이른바 하나님의 형상을 닮은 자의 올=알사역이 있다. 예수님은 너희들도 신이라 말씀하셨다. 시인들이 시로 사역하는 일을 성서는 신의 소생이 걸어가는 길이라 하였다.

---

[3] 이영지, 『물(마임)의 시학』(서울: 창조문학사, 2023).

[4] 알지향언소아지칭야閼智卽鄕言小兒之稱也 삼국사기 신라본기제1.

(2). 영원한 여기에

서서히 밀려드는 어둠을 밟고
겟세마네 올라가는 한 무리
무겁기가 천근 같은 발걸음이다
제자들에게 깨어있으라 당부하시고
동산엔 홀로 올라가셨네

땀방울을 핏방울처럼 쏟으시며
외롭고 처절하게 기도하실 때
주님도 땅바닥에 얼굴을 묻고
슬퍼하며 우셨네

어둠이 온 땅을 덮고
제 구 시쯤 되었을 때
엘리 엘리 라마 사막다니 하시며
예수께서 큰 소리로 지르셨네

다시 또 큰소리로 지르실 때
그의 영혼이 떠나셨네 아
이는 인간의 죄를 대신 지시고
희생양이 되신 거룩하신 순종이시네
  -「엘리 엘리 라마 사박다니」

오 주여 "엘레 엘레 라마 사박다니" 소리는 다윗에게서도 들린다. 자손 예수의 계보가 되는 다윗도 어찌하여 나를 버리셨나이까? 하였다. 이 얽힘을 성경은 엘로힘을 33회로 한다. 예수님의 희생을 성경은 아가리 781회·아갈 9회·오겔 42회·오글라 19회·아킬라 1회 등 총 843회로 입으로 너희가 먹을 찌니라로 표시하여 커다란 충격을 준다. 그리하여 먹이시며·저희에게 먹이며로 제물이 되셨다. 예수님은 33세로 이 세상을 마감하시었다. 하나님은 그의 이름 하나님을 33회(창 1:1-2:2) 되풀이하신다.

다윗의 절규와 예수님의 절규 얽힘이 있다.

①. 주는 나의 힘이 되신 하나님이시어늘 어찌하여 나를 버리셨나이까(시 43: 2)

②. 예수께서 저희에게 이르시되 사람들이 어찌하여 그리스도를 다윗의 자손이라 하느냐(눅 20: 41)

③. 제 구시 즈음에 예수께서 크게 소리 질러 가라사대 엘리 엘리 라마 사박다니하시니 이는 곧 나의 하나님, 나의 하나님, 어찌하여 나를 버리셨나이까 하는 뜻이라(마 27: 46)

예수님의 처절한 절규는 "엘리 엘리 라마 사박다니하시니이까"이다. 맹숙영 시인은 하나님이 지니신 사랑의 마음을 시 「엘리 엘리 라마 사박다니」로 알렸다. 하나님은 우리들을 지극히 사랑하사 그의 독생자 아들 예수님이 일곱 날(창 1:1-2:2) 7대 절기를 보여주시면서 우리들을 사랑하심을 알린다.

유월절 한날(한 날)·한분·예수 → 무교절(둘째 날)·십자가사건 → 초실절(셋째 날)·부활 → 오순절(넷째 날)·성령 → 나팔절(다섯째 날)·재림 → 속죄절(여섯째 날)·구속 → 장막절(일곱째 날)·영원한 복음을 맹숙영 시인은 평생 굳건히 복음을 시로 전하고 그리고 맹시인 내가 금 나무에 종소리로 붙여줍니다라고 한다.

맹숙영 시인은 엘리 엘리 라마 사박다니(나의 하나님 나의 하나님 어찌하여 나를 버리셨나이까)를 맹숙영 시로 재 알린다. 나의 하나님, 나의 하나님, 어찌하여 나를 버리셨나이까와 그리고 엘리 엘리 라마 아자브타니 내 하나님이여 내 하나님이여 어찌하여 나를 버리셨나이까 예수님 십자가사건의 극형을 알린다. 구약 예언과 신약의 그대로 이루어 진 엘리 엘리 라마 사박다니(Hλι ηλι λεμα σαβαχθανι) 엘리 엘리 라마 아즈브타니(אֵלִי אֵלִי לָמָה שְׁבַקְתָּנִי) 나의 하나님 나의 하나님 어찌하여 나를 버리셨나이까의 엘리 엘리 라마 사박다니(θεέ μου θεέ μου, ἱνατί με ἐγκατέλιπές) 나의 하나님 나의 하나님 어찌하여 나를 버리셨나이까는 다윗이 하나님을 향하여 어찌하여 나를 버리셨나이까?의 양자 얽힘이 다윗과 예수님에게서 다윗은 하나님 은혜로 예수님 조상 다윗 자손 예수로 시인에게 와 있다. 사랑 실천이 있다.

5. 은혜

꽃이 지는 밤이라도
바람은 꽃향기 실어 오네

에오스의 슬퍼하며 흘린 눈물이

새벽이슬로 젖네

어여쁜 여인이여

고통은 털어내고 눈물은 닦아요

귀를 열어 권능의 음성을 들어요

　　　　　－「달리다굼 일어나라」

　은혜로 맹숙영 시의 일어서기가 있다.「달리다굼 일어나라」은 축문은 몸 시학(홍문표문학박사용어)이다. 생명의 의미 두 발로 일어서 "힘을 내 일어서라!!" 맹숙영 시인이 전한다. 천부경의 숨은 메시지 1의 11 11지체원리(十一之体原理) 양자역학의 얽힘이 맹숙영 시에서는 "아픈 자여 일어나라"이다. 이 메시지는 이상시 시제 4호에서 11회를 사용한 얽힘이다. 그만큼 맹숙영 시의 신앙시는 이상시와도 얽히면서「달리다굼 일어나라」시로 시집「영원한 여기에」시집을 연다. 이 쿰을 성경은 일어나라로 번역한다. 맹숙영 신앙시인에게는 일어서기가 있다. 죽은자를 살리시고 병에서 일어나 걷게 하는 하나님 은혜의 기적을 시「달리다굼(Talitha Cum)」에서 드러낸다.

6. 고향

　　나는 가고 싶네 내 고향

　　지금은 갈 수 없지만

꽃향기 꽃바람 날리는
정경운 그곳
다만 그 옛날의
예루살렘만 꿈꾸네

내 슬픈 마음
시온성 향해
지난날의 그리움 담아
내 노래에
실어 보내노니

산들바람
고운 바람이여
금빛 날개 타고
날아가라 저 비탄의
언덕길 넘어
― 「히브리인 포로 망향가」에서

고향은 향수병을 일으킨다. 맹숙영 시인의 이 아련한 고향 그리움은 메소포타미아와 유프라테 양쪽 강 사이의 스메르문화의 최초 문화로 전해지는 땅으로 한다. 이 땅은 이미 환단고기 12국 중 수밀이국이 환단고기(桓檀古記)12연방에 있음과 같이 우리조상들이 전한 문화의 땅이다. 바로 이 고향에덴에서 다시 역으로 우리나라에 까지 와 신앙시인 맹숙영 시인의 고향으로 살아 있다. 절망으로 끝내지 아니하는 고향 찾기 에덴이 있다.

　한국 언어에 '언덕'이라는 말이 있다. 우리말 고향이미지이다. 그 이름 부여가 한국 지명에 있다. 고조선 그 커다란 역사의 산 고향이 맹숙영 시인에게 영원히 여기에로 지금 있다. 부여! 그 옛날 고조선 이전부터 있었던 우리 부여는 지금도 영원히 여기에 살아 크다는 의미로 고향이미지를 전해준다.

　구약 전체가 예수님 메시아를 히브리어 마지막 ת(타브) 글자가 우리에게 있다의 '다'로 남아 있듯이 십자가를 시로 읊는 시인의 삶은 그리스도를 에덴동산을 찾는 신앙 고백서가 시인에게 있다. 우리말의 프르고라는 말이 하나님의 강 푸르고에서 찾아지듯이 온 힘을 다하여 하나님 전하기를 실천하는 시인의 삶은 축복의 장이다. 하나님은 강을 푸르게 하시어 이 땅을 우리에게 주시었다. 말씀을 주야로 묵상하며 시로 읊는 시인에게 하나님은 그 분의 강 푸르고 말씀이 푸르게 시인에게 하시었다. 큰 산이신 하나님에게 기대는 대한민국 코리아는 맹숙영 시인에게 그대로 살아 고향을 찾는 "영원한 여기에" 시집 『영원한 여기에』가 있다. 고향이 맹숙영 시인에게 있다. 장구한 역사 고향이 있다.

　신앙시의 가능성은 구원의 문학이 되게 한다. 죄악이 12가지라 할지라도 하나님의 방법으로 죄악을 없애주시는 말씀을 시인에게는 시로 찬양을 드린다. 고향 그리움은 시인을 위대하게 하고 기적이 일어나게 하고 순진무구한 삶을 살아가게 은총을 하나님은 베푸신다.

시인의 찬란한 역사는 영원한 여기에 있다. 이를 맹숙영 시인은 밤새워 기도드리며 해맑은 얼굴로 예쁜 얼굴의 지혜자 사역자가 되어 새벽이슬의 시학을 펼친다. 맹숙영 시집 『영원한 여기에』는 영롱한 새벽이슬 시학이다.

목사로서 축복을 드린다.

평설

서사敍事를 넘어 고백告白에 이르는 길
– 맹숙영 제 12시집 『영원한 여기에』의 작품 세계

양왕용
시인, 부산대 명예 교수
동북아기독교작가회의 한국 측 회장

　맹숙영 시인의 제12시집 『영원한 여기에』 수록된 작품은 5부로 나누어 각각 14편씩 총 70편의 작품이다. 70편 모두 기독교적 세계관에 의하여 쓰여진 작품들이다. 말하자면 세칭 '신앙시집'이라 볼 수 있다. 필자는 기독교 시인은 어느 작품 없이 기독교 세계관에 입각하여 창작하여야 한다고 생각한다. 평소에 맹 시인의 다른 시집에서도 기독교세계관이 두드러져 있었다. 그래서 필자는 지난해 여름 맹 시인이 수상한 〈한국크리스천문학상〉 심사에서도 그러한 점을 지적했으며 그 특색으로 시집 『햇살 월계관』(2022,청어)이 수상의 영광을 누렸다. 지난해에는 국제PEN한국본부 기획시집 15권으로 『시를 위한 광파레』(2023,오름)를 엮기도 하였다. 그리고 2021년에는 여행체험에서 얻어진 시와 사진으로 엮어진 포토시집 『여로, 황금빛에 감기다』(2021,신아출판사)를 출간한 바도 있다.

맹 시인의 작품들을 살펴보기로 한다.

(가) 죽은 자식을 애통해하는 아비에게 말하셨네
　　'두려워 말고 믿기만 하라'고
　　회당장 아이로의 열두 살 된 딸에게 달리다굼
　　권능의 말씀으로 살리셨네

　　달리다굼 기적이 일어났네
　　나인성 과부의 아들에게
　　마리아와 마르다의 오라비를 향하여 달리다굼
　　죽은 자를 살려내셨네 베다니에서

　　이천 년 전 달리다굼의 기적이
　　오늘날에도 기적과 이사를 일으키네
　　우리의 삶 가운데
　　죽은 자를 살리시고 병에서 일어나 걷게 하시네
　　　　　　　－「달리다굼Talitha Cum」 전문

(나) 갈보리 올라가는 언덕길
　　이 길은 고통의 길
　　세상 죄를 다 지고 가시는 이여

　　피맺힌 땀방울 무겁게 떨어지네

무지한 사람들 저주와 함성

죽음을 재촉하네

지극한 사랑과 희생으로

대신 지신 십자가

오늘도 내 대신 십자가 지시네

마리아 한숨소리에 나뭇잎도 떨어지네

한 여인의 눈물 속의 흐느낌

오 베로니카 베로니카여

      – 「베로니카의 눈물」 전문

(다) 유대를 떠나시다

다시 갈릴리로

잠시 피곤을 풀겸 멈추어선 곳

우연히 발견한 수가성 우물

사마리아 여인에게

물 한 그릇 청하셨네

여인은 몰랐네

가까이 와 계신 주님이 누군지

우리도 알아보지 못하네

여기 있다 저기 있다

무화과 나뭇잎처럼

말 무성한 헛된 바람 따라
휩쓸려 나가기만 하네

차가운 도로에 엎어져 있는
구걸인 볼 때
혹시 주님 아니실까 뒤돌아보며
신앙의 자기 시험에 빠져
갈등할 때 우리는 괴로워하네

'내가 주는 물은
영원히 목마르지 않는
생수가 되리라'
우물가의 여인처럼
헛된 것 구하지 말고
내 샘에 와 생수를 마시라는
주님 음성 듣기 원하네
　　－「아무도 모르네」 전문

　앞에서 인용한 세 편의 시는 모두 4복음서에 나타난 예수님의 생애를 바탕으로 하고 있다.
　(가) 「달리다굼」(1부)에 빈번하게 등장하는 '달리다굼'은 예수님 당시 유대 지방에서 사용된 아람어로 '소녀여 일어나라'의 뜻이다. 그런데 아람어는 아랍어와 혼동되나 아랍어의 분파가 아니다. 아람어는 좁은 의미로 다마섹을 수도로 하며 북 이

스라엘 북쪽에 위치한 '아람'(오늘날의 시리아 지역)이라는 나라에서 사용한 언어이다. 히브리어와 유사성이 많고 고대 근동의 대표적 언어로 구약 성경에는 아람어로 쓰여진 부분이 네 군데나 있다. 예수님 당시에도 갈릴리 지방에서 사용되었던 언어라고 볼 수 있다. 그런데 헬라어로 쓰여진 신약성경에 유독 이 단어만 예수님이 직접 사용한 것으로 되어 있다. 마가복음 5장 21-43절의 '아이로의 딸을 살린' 부분에서 41절에 '그 아이의 손을 잡고 이르시되 **달리다굼**하시니 번역하면 곧 **내가 네게 말하노니 소녀야 일어나라** 하심이라'가 바로 그것이다. 이러함으로 인하여 '달리다굼'이라는 제목으로 성가도 많이 작곡되어 있다. 맹 시인은 이것을 시로 형상화한 것이다. 그러나 맹 시인은 마가복음의 아이로의 딸 살리는 부분에서만 사용하지 않고 병자를 향하여 들려주는 권능의 음성으로 '나인성 과부의 아들 살림'(누가 복음 7장1-17절), '마리아와 마르다의 오빠 나사로의 살림'(요한복은11장 1-16절)에도 이 단어를 사용하고 있다. 따라서 '달리다굼'을 예수님이 사람을 살릴 때마다 사용하는 권능의 언어로 확대 인식하고 있는 것이다. 그러나 맹 시인의 시적 공간은 마가복음과 누가복음 그리고 요한복음의 현장에만 한정되지 않고 마지막 셋째 연에서 오늘날에도 예수님은 '달리다굼'을 외치며 죽은 자를 살리고 병든 자를 고친다고 인식하고 있다. 이 부분으로 인하여 맹 시인의 시는 단순한 서사가 아니고 오늘날에도 간절히 기도하면 죽은 자도 살아나고 병든 자도 고침을 받는다고 고백하고 있다.

(나) 「베로니카의 눈물」(1부)의 경우 성경에는 나타나는 인물

은 아니지만 로마 가톨릭 교회와 동방 정교회 그리고 성공회에서 성녀로 추앙받는 베로니카를 등장시키고 있다. 그녀는 1세기 필레스타인에서 골고다 언덕으로 십자가를 지고 가는 예수님의 얼굴에서 흘러내리는 피땀을 자신의 수건으로 닦아 주었다고 전해지는 예루살렘의 어느 한 여인이다. 이 시 역시 4복음서에 모두 나와 있고 십자가의 길(비아 돌로로사)이라 명명된 처소가 시적 공간이다. 이것을 제목을 한 시를 비롯한 문학작품들은 수없이 많다. 실제로 맹 시인 역시 「비아 돌로로사」라는 제목의 시가 이 시의 다음 다음에 편집되어 있다. 그러나 필자는 이 시를 주목하고자 한다. 왜냐하면 「비아 돌로로사」의 경우 많은 작품들이 그러하듯이 예수님 당시의 서사로 끝나는 경우가 많기 때문이다. (나) 「베로니카의 눈물」의 경우 첫째 연과 둘째 연 그리고 마지막 넷째 연의 경우는 예수님이 골고다 언덕으로 십자가를 지고 가는 시점의 공간이다. 그러나 셋째 연의 마지막 행 '오늘도 내 대신 십자가를 지시네'에서 예수님의 십자가 지심에서 2000년도 훨씬 지난 현재가 시적 공간으로 등장하여, 시적화자 '내' 즉 맹 시인 대신 자신 것이라 진술함으로써 고통스러움을 같이 느끼는 신앙고백을 하고 있다.

(다) 「아무도 모르네」(2부)의 경우는 요한복음 4장 1-54절에 있는 '야곱의 우물에서 예수님과 사마리아 여인의 대화'가 시적 배경으로 등장하고 있다. 이 부분은 죄 많은 사마리아 여인이 야곱의 우물에서 물 달라는 예수님과 대화를 통해 예수님이 메시아라는 것을 깨닫게 되어 동네 사람에게 알리고, 많

은 동네 사람들이 몰려와 예수를 믿게 된다는 내용을 줄거리로 하고 있다. 사마리아 여인은 예수님을 보자마자 구세주인 것을 알게 되는 것이 아니고 대화를 하는 과정에 그녀 자신의 과거 남편이 다섯이나 되고 지금 같이 사는 이는 남편도 아니라고 하자 예수님의 정체를 알게 되어 구세주라고 신앙고백을 하게 된다.

다음으로는 이러한 성경을 시적 배경으로 하지 않고 여행 중에 만난 풍경과 공간을 기독교적 세계관으로 인식하고 있는 작품 두 편을 살펴보기로 한다.

  (가) 검은 그림자 뒤덮인 죽음의 수용소
      가스실에서 고문실에서 몸부림칠 때
      살덩이는 부서져 땅바닥에 뒹굴고
      어머니 그 이름 목 놓아 부르며
      조국의 이름을 외칠 때
      해와 달도 빛을 잃고 슬퍼하였으리
              –「홀로코스트 Holocaust」 부분

  (나) 지구 역사상 지상 최대의 볼거리
      이곳을 찾아오기 위하여
      미국 캘리포니아주에서 출발
      나는 끝도 없이 펼쳐진
      금빛 모하비 모래사막을 바라보며

몇 개의 주를 거쳐 여기 애리조나주까지
그랜드캐년 국립공원에 감탄으로 서 있다
웅장하고 신비로운 장엄한 협곡
천지창조주의 솜씨
대자연 앞에 숙연해진다

– 「그랜드 캐년 Grand Canyon」 부분

(가) 「홀로코스트」(2부)는 맹 시인의 경우 'Holocaust Memorial Park, Berlin'이라는 부제로 볼 때 베를린의 홀로코스트 기념공원에서 느낀 바를 시로 형상화하였다고 볼 수 있다. '홀로코스트'는 2차세계대전 때 히틀러가 이끈 나치당에 의하여 자행한 '유대인 대학살'이라고 고유명사화 되다시피 한 단어이다. 이러한 참상 때문에 독일 지도층은 기회가 있을 때마다 유대인들에게 사죄한다.

베를린에는 이를 사죄하고 추모하는 홀로코스트기념추모공원이 있다. 시인은 이 추모공원을 관람하고 난 뒤의 느낌을 「홀로코스트」로 형상화하였다. 아우슈비츠가 유대인 학살의 참상을 리얼하게 보여주었다면 베를린 추모공원은 상징적인 공간으로 유럽에서는 가장 큰 유대인 추모시설이라고 한다. 희생당한 유대인 가운데 얼마나 많은 사람들이 예수를 믿었는지 알 수 없지만 좌우간 하나님을 부르며 부활을 꿈꾸며 죽어 갔다는 인식은 맹 시인의 기독교세계관 즉, 고통 속에서도 하나님을 찾는다는 신앙고백이 그대로 드러나 있다.

(나) 「그랜드캐년」(3부)에 등장하는 그랜드캐년은 미국 서부

를 관광했다면 누구나 가보는 명소이다. 이곳은 애리조나주 북부에 있는 5,000㎢에 달하는 지구상에서 가장 방대한 계곡이다. 맹 시인이 시에서 언급한 것처럼 영국 BBC방송이 죽기 전 가 보아야 할 곳 1위로 선정한 곳이기도 하다. 맹 시인이 시 말미에서 몇 번이나 다녀온 곳이라 행운이라는 곳에 필자도 역시 여러 번 다녀왔다. 갈 때마다 계절도 약간 다른 탓도 있었겠지만 정말 천지창조를 하신 하나님의 능력에 감탄하지 않을 수 없었던 곳이다. 맹 시인은 첫째 연 서두부터 창세기 천지창조의 모습을 보는 듯한 느낌을 표현한다. 그리고 둘째 연에서는 맹 시인이 미국 서부 캘리포니아주에서 모하비 사막의 황량한 풍경을 바라보며 몇 개의 주를 거친 것으로 보아 아리조나주의 그랜드캐년을 자유로운 가족여행으로 도착하였음을 알 수 있다. 드디어 맹 시인은 그랜드 캐년의 웅장한 협곡에 도착하여 천지창조주의 솜씨에 감탄한다. 대자연 앞에서 하나님의 능력을 발견하고 숙연해지는 맹 시인의 모습이 그대로 드러나 있다.

　이상의 두 작품 「홀로코스트」와 「그랜드 캐년」 말고도 시인은 해외여행 속에서 하나님의 역사하심을 발견하고 있다. 특히 이 시집에는 성경과 관련된 세계 곳곳을 여행하고 있기 때문에 단순한 서사를 넘어서 시인의 진솔한 신앙고백을 하는 작품들이 많다.

　다음으로는 시인의 신앙의 깊이를 직접 파악할 수 있는 몇 작품에 대하여 살펴보기로 한다.

우선 꽃을 시적 제재로 한 작품에서 시인의 기독교적 세계관이 어떻게 나타나고 있는가를 살펴보기로 한다.

(가) 또 다른 꿈을 꾼다
　　　몸의 깃털 미련 없이 하나씩 떼어버리고
　　　허물 벗고 비우고 승화하면서
　　　홀씨 되어 날아가고 싶다

　　　천지에 사랑의 씨앗을 뿌리며 더 높이
　　　가벼운 영혼을 꿈꾼다
　　　내 영혼의 무게는 얼마나 될까
　　　4차원의 안식을 위해 찾아가는 길이다
　　　　　　　-「가벼운 영혼으로 날고 싶다 - 민들레의 노래」부분

(나) 이 불량한 불청객은 어디서 왔나
　　　문설주에 꽃의 피를 바르고
　　　꽃향기로 몰아낸다

　　　육체는 죽여도
　　　영혼을 죽이지 못하는 팬데믹
　　　인류의 기도로 승리의 깃발 꽂는다
　　　　　　　-「어떤 불청객」부분

(가)「가벼운 영혼으로 날고 싶다」(2부)의 경우는 부제에도

있다시피 시적 제재가 민들레이다. 사실 민들레의 경우 많은 시인들이 시로 창작하고 있다. 필자의 경우에도 두 편이나 창작하였다. 특히 도심의 보도블록에서도 핀 민들레를 발견할 때에는 그 치열한 생명력에 경외감을 표하지 않을 수 없다. 그런데 시인의 경우에는 시적화자를 민들레로 삼아 그 나름의 개성을 충분히 가지고 있는 작품이다.

첫째 연에서는 땅속에서 스며든 빗물을 생명줄로 삼아 솟아오름의 어려움을 노래하고 있다. 그리고 둘째 연에서는 민들레꽃의 개화에 대하여 노래한다. 여기서부터 꽃에다 영혼이라는 관념을 부여한다. 말하자면 민들레꽃에다 인격을 부여한다. 셋째 연에서는 꽃잎이 말라지면서 깃털로 변하여 홀씨로 비상하고 싶은 소망을 펼친다. 여기까지의 영혼이라는 관념에서는 기독교세계관을 발견하기가 어렵다. 그러나 마지막 넷째 연에서 기독교세계관의 가장 최선의 덕목인 사랑이 등장한다. 날아가면서 깃털이 사방에 퍼지는 것을 '천지에 사랑의 씨앗을 뿌린다'고 의미를 부여하여 민들레를 사랑의 전도자로 인식하게 만든다. 그러면서 영혼의 무게에서 화자 '내'가 등장하여 맹 시인과 민들레 즉 시적화자를 동일시하면서 시를 끝낸다. 물론 '내 영혼의 4차원의 인식에서의 무게'라는 난해한 구절이 등장하지만 이에 구애받음이 없이 이 부분은 문화신학적 표현으로는 '궁극적 관심'이라고 볼 수 있다.

(나) 「어떤 불청객」(3부)에 등장하는 '꽃'은 특정한 꽃이 아니다. 천지와 산과 강에 주렁주렁 열리는 꽃이라 점에서 상징적인 꽃이다. 꽃이 상징하는 관념을 찾을 수 있는 부분은 셋

째 연에 등장한 불청객이다. 불청객은 분명하게 밝히고 있지는 않지만 우리의 삶의 평화를 빼앗아 간 코로나19를 가리킨다고 볼 수 있다. 그러면서 팬데믹을 물리치기 위해 넷째 연에서 마치 출애굽기 12장에 있는 출애굽 직전의 마지막 재앙 '처음 난 것들의 죽음'을 피하기 위해 이스라엘 백성들이 양의 피를 문설주에 바르듯이 '문설주에 꽃의 피'를 바르고 '꽃 향기'로 몰아내자고 하고 있다. 이상과 같이 '꽃'의 상징 속의 관념은 팬데믹 사태를 물리칠 원동력이라고 볼 수 있다. 이 원동력을 구체적으로 설명할 수 있는 부분이 마지막 다섯째 연의 '인류의 기도의 깃발'이다. 말하자면 인류를 위한 우리 크리스천의 기도의 깃발 아래 온갖 지혜를 꽃 대궐처럼 동원하여 코로나19의 펜데믹 사태를 극복하자는 것이다.

  맹 시인의 시 가운데 가장 상징의 효과가 성공적인 작품이 바로 이 작품이면서 기독교세계관을 미묘하게 형상화한 작품도 바로 이 작품이다.

  다음으로 크리스천으로서 중요시해야 하는 행위 가운데 하나인 '기도'에 대하여 맹 시인은 어떻게 형상화하고 있는가를 알 수 있는 시 두 편에 대하여 살펴보기로 한다.

  (가) 꽃들도 별들도 바람마저도
     쉼을 누리는 밤입니다
     당신만이 잠 못 이루고 있는 밤
     당신 무릎 아래 떨어지는 눈물방울

이슬 되어 당신 가슴에 맺힙니다

그 눈물 아픔 위에 기도하는 이 있습니다

누군가 당신 위해 기도하는 밤입니다

당신이 너무 지쳐 기도할 수 없을 때

잠 못 이루고 있는 당신

당신이 지쳐서 쓰러질 때

힘없는 당신 위해 기도하는 이 있습니다

당신 위한 눈물의 기도가 응답의 꽃으로

여호와 샬롬 여호와 닛시 구하는

누군가 당신 위해 기도하는 밤입니다

- 「누군가 널 위하여」 전문

(나) 울며 부르짖는

    기도에도

    침묵으로

    응답하시는 분

    몇천 년 똑같으시다

    침범할 수 없는

    무거운 위엄

    기도의 응답은

    침묵으로 주신다

주의 때를

기다리는

믿음만이

침묵으로

응답받는다

　　-「침묵 응답」 전문

(가)「누군가 널 위하여」(4부)에서는 기독교에서 말하는 '중보기도'가 시적 제재이다. 물론 중보(中保)기도는 원래 적대적 관계나 시시비비가 있는 양자 사이의 화해와 일치를 도모하는 행위를 말하지만 일반적으로 자신이 아닌 공동체나 타인을 위한 기도로 통용되고 있다. 아픈 사람이나 어려운 일이 있을 때 다른 신자들에게 중보기도를 요청하면 요청받은 신자들은 합심하여 기도 한다. 그리고 국가와 민족을 위해서도 중보기도한다. 규모가 있는 교회에서는 중보기도 팀이 있기도 하며 중보 기도로 하나님의 역사하심을 체험하기도 한다.

그런데 맹 시인은 그렇게 기도하는 내용을 시로 형상화 하지는 않는다. 오히려 여러 가지로 고통 받고 있는 시적청자 '당신'에게 당신을 위하여 기도하고 있다는 사실을 일깨워준다. 당신을 위해 기도하는 사람들은 당신을 위하여 여호와 샬롬(평안), 여호와 닛시(함께 계심) 즉 하나님께서 평안을 주실 것이고, 항상 함께 계시라고 기도한다는 것이다. 그래서 당신에게 평안이 있을 것이라고 당부하고 있다.

(나)「침묵 응답」(5부)의 경우는 크리스천들이 자기 자신을

위해 기도하는 것이 시적 제재가 되어 있다. 자기 자신의 문제를 놓고 기도할 경우 하나님께서 끝까지 소망을 안 들어 줄 때 많은 크리스천들은 실망하기도 하고 하나님을 원망할 경우가 있다. 맹 시인은 이러한 경우 하나님이 침묵하시는 것이며 그것도 응답이라는 것이다. 침묵도 응답이라 인식하고 기도하는 자기 자신을 다시 한 번 되돌아보는 신앙 그것이 진정한 크리스천이 가져야 할 자세라는 것을 알려주는 시가 바로 이 작품이다.

  맹 시인의 제12시집 『영원한 여기에』 수록된 많은 작품들은 지금까지 살핀 몇 작품처럼 서사의 경지를 넘어 진정한 신앙 고백에 이르고 있는 작품들이 많이 수록되어 있다. 특히 성경에 등장하는 공간이나 시간을 배경으로 한 경우에도 성경이 기록될 당시의 시간에서 끝나는 것이 아니라 지금의 시간 즉 맹 시인의 시간에서 자기 자신을 돌아보고 진솔한 고백을 하고 있다. 뿐만 아니라 여행 중의 명승지나 기념될 만한 공간에서도 하나님의 역사하심을 발견한다.
  꽃과 같은 사물을 제재로 한 시에서도 맹 시인 자신의 기독교적 세계관이 시적 기교를 통하여 형상화되면서 '궁극적 관심'에 다다르고 있다. 그리고 크리스천으로서 가장 소중하게 생각해야 할 것이 '기도'라는 점도 밝히고 있다.

/ 표지그림 /

공(空) - 화심(花心) I / Space - Flower Spirit I

India ink, Color on Korean Paper, 78x24cm, 2004, Artist's collection

윤애근 _ 晶山 尹愛根

중앙대학교 회화과 졸업. 홍익대학교 대학원 졸업. 전남대학교 예술대학 학장 및 예술연구소 소장 역임. 국립현대미술관 초대작가. 서울시립미술관 초대작가. 광주시립미술관 올해의 작가전 외 개인전 23회

국제PEN한국본부
창립70주년기념 시인선 18

영원한 여기에

저자 맹숙영

기획·제작 국제PEN한국본부 pen | **이사장** 김용재
International PEN-Korea Center

발행일 2024년 4월 29일
발행처 기획출판오름 Orum Edition
발행인 김태웅
등록번호 동구 제 364-1999-000006호
등록일자 1999년 2월 25일
주소 대전광역시 동구 대전로 815번길 125
전화 042-637-1486
팩스 042-637-1288
e-mail orumplus@hanmail.net

ISBN _ 979-11-89486-96-9

값 12,000원

· 본 책 내용의 전부 또는 일부를 재사용하려면 반드시 저자의 동의를 얻어야 합니다.
· 지은이와의 협의에 의해 인지는 생략합니다.